AUSGEWÄHLTE DOKTORDISSERTATIONEN
DER
LEIPZIGER JURISTENFAKULTÄT.

DIE LEHRE

VON DER

AUSLOBUNG.

Von

Dr. iur. ALFRED WALTER OERTEL.

LEIPZIG,
VERLAG VON VEIT & COMP.
1895.

Nach der für die Leipziger Juristenfakultät bestehenden Promotionsordnung ist die Drucklegung der Dissertation keine Vorbedingung der Promotion, und die Fakultät hat die Überzeugung, daß eine Prüfungsarbeit gut und ein vollgültiges Zeugnis der wissenschaftlichen Bildung ihres Verfassers sein kann, ohne daß ihr der allgemeine Wert zukommt, welcher ihre Veröffentlichung wünschenswert macht.

Doch hat die Fakultät es stets als einen Übelstand empfunden, daß eine nicht unbedeutende Zahl von ihr approbierter Dissertationen, welche die Wissenschaft fördern, theils gar nicht zum Druck gelangen, theils ohne Bezeichnung ihrer Eigenschaft als Doktorschrift veröffentlicht worden sind. Daher ist die Einrichtung getroffen worden, daß derartige Dissertationen unter den Auspizien der Fakultät veröffentlicht werden können. Die Thätigkeit der Fakultät wird sich dabei auf die Feststellung der Druckwürdigkeit beschränken; sie übernimmt keine Verantwortung für den Inhalt im Einzelnen.

Die Arbeiten erscheinen in selbständigen Heften und sind einzeln verkäuflich.

Leipzig, im Juli 1893.

Die juristische Fakultät:
Dr. J. E. Kuntze,
d. z. Dekan.

Druck von Metzger & Wittig in Leipzig.

Inhalt.

Litteratur.

Adelung, Grammat.-kritisches Wörterbuch der hochdeutschen Mundart. 1793. Tl. I, S. 615.

Affolter, Zur Lehre vom Rechtsgeschäft. 1888. 1. Aufl. S. 34—36.

Annalen des K. S. Oberlandesgerichts, herausgegeben von Klemm und Lamm, 1883. Bd. IV, S. 252—260.

Arndts, Lehrbuch der Pandekten. 1886. 13. Aufl. S. 481 f. § 241, Anm. 3.

Augsburgische Allgemeine Zeitung. Beilage vom 8. Juli 1875. S. 2978.

Bähr, Zur Beurteilung des Entwurfs e. B.G.B. f. d. D. Reich 1888. S. 82.

Baron, Abhandlungen aus dem Preußischen Recht. 1860. S. 96, Anm. 127.

Baron, Pandekten. 1890. 7. Aufl. § 211, S. 351.

Chr. Henr. Barth (praeside Nettelbl.), De pollicitatione imprimis in specie sic dicta. 1779. S. 6. 10.

Bauriedel, Theor. prakt. Kommentar über die Pandekten. 1789 II, § 2152, S. 595.

Behaghel, Das badische Bürgerl. Recht. 1892. 3. Aufl. II. S. 5—6.

Behrend in Behrend-Dahn, Zeitschr. f. d. Deutsche Gesetzgebung und einheitl. Deutsches Recht. Bd. VIII, S. 190 f., S. 306. — in Holtzendorffs Encyklopädie § 62, S. 597. 5. Aufl. 1890.

Bekker in Bekker-Muther, Jahrb. des gem. R. 1858. Bd. II, S. 356.

Beseler, System des deutschen Privatrechts. 1885. 4. Aufl. Bd. I, § 107, S. 477—478.

Bielitz, Prakt. Kommentar z. allg. Landr. f. d. Preuß. Staaten. 1824. Bd. II, S. 729 f.

Böcking, Pandekten d. r. Privatr. oder Instit. d. gem. dtsch. Civilr. 1853. Bd. I, § 107, S. 378. 2. Aufl.

Bornemann, Syst. Darst. des preuß. Civilrechts. Bd. II, § 168, S. 399. 1834. Bd. III, § 238, S. 348 f. 1835.

Brinz, Lehrbuch der Pandekten. 1860. Abt. II, § 351, S. 1549; 1879. 2. Aufl. Bd. II, 1. Abt., § 248, S. 143, § 307, S. 556.

Bruns, Fontes juris Romani antiqui. Ed. V. 1887. S. 273—274. — in Holtzendorffs Encyklopädie. 5. Aufl. 1890. S. 504—505.

Bucher, Das Recht der Forderungen. 1830. 2. Aufl. Tl. I. Buch I, § 14, S. 33 f.

v. Bülow, Abhandlungen über einz. Materien d. r. bürg. R. Tl. I. 1817. S. 270—280.

Corn. van Bynkershoek, Observationes. 1787. c. XIII, S. 197 f.
Cosack in der Deutschen Encyklopädie. Bd. I. 1886. S. 1010.
Cuiacius, Paratita in libros D. S. 304.
Curtius, Handbuch des im Kgr. Sachsen geltend. Civilr. 1825. Tl. III, § 1233, S. 267.

Dabelow, Pand. des gem. dtsch. und forens. Privatr. Tl. I. 1803. § 169—171, S. 138—140.
Daries, Institutiones Jurisprudentiae Priv. Romano-Germ. 1749. § 443, S. 220.
Delbrück in Iherings und Gerbers Jahrb. f. Dogm. Bd. III, S. 7—9. 1859.
Dennstedt u. v. Wolffsburg, Preuß. Polizeilexikon 1855. Bd. III, S. 773—782; Bd. IV, S. 794—798.
Dernburg, Pandekten. 1886. Bd. II. 2. Aufl. § 9, S. 23; 1892. 3. Aufl. S. 24[9], 25[11]. — Preuß. Privatr. 1878. Bd. II, S. 23 f., § 12 f., S. 122, § 56; 1889. Bd. II. 4. Aufl. § 12, S. 26 f.

Eccius, Preuß. Privatr. 1892. 6. Aufl. Bd. I, § 77, S. 448, § 71, S. 410 f.
Einert, Das Wechselrecht. 1839. § 21, S. 90—91.
Eisele in d. Zeitschr. f. Schweiz. Recht. Bd. XXV (N. F. Bd. III), S. 21. 1884.
Engelmann, Das preuß. Privatr. in Anknüpf. a. d. gem. R. 1890. 4. Aufl. § 121, S. 266—267.
Entscheidungen des Reichsgerichts in Civilsachen. 1884. Bd. XI, S. 281—284.
Entscheidungen des Reichsoberhandelsg., herausg. v. d. Richtern des Gerichtsh. 1875. 2. Aufl. Bd. IV, S. 161.
Entwurf eines Bürgerl. Gesetzb. f. d. Deutsche Reich. 1. Lesung, 1888. S. 127 f. nebst Motiven S. 518 f.; 2. Lesung, 1894. S. 183 f.
Entwurf eines Bürgerl. Gesetzb. f. d. Königr. Sachsen von 1852, § 672, S. 132, nebst Motiven, S. 144.
Entwurf eines Bürgerl. Gesetzb. f. d. Königr. Bayern v. 1861. Bd. II, 161—162, nebst Motiven, S. 229—231.
Entwurf eines Bürgerl. Gesetzb. f. d. Großherzogt. Hessen. 1853. Tl. II, S. 50—52, nebst Motiven, S. 108—110.
Entwurf eines allgem. Dtsch. Gesetzes über Schuldverh., herausg. v. Francke. 1866. S. 135—136.
Spezielle Motive zu dem Entwurfe eines Bürgerl. Gesetzb. f. d. Königr. Sachsen. 1861, S. 756—758.
Ersch u. Gruber, Encyklopädie der Künste und Wissenschaften. 1818 f.
Esmarch, Grundsätze des Pandektenrechts. 1859. 1. Heft, § 284, S. 79.
Exner, Zur Theorie der Auslobung in der Krit. Viertelj. Schrift von Plözl-Windscheid. 1869. XI, 337—361.

Förster, Theorie und Praxis d. htg. gem. preuß. Privatr. Bd. I. 3. Aufl. 1873. § 77, S. 438; 1881. 4. Aufl. Bd. I, § 77, S. 506—508, herausg. v. Eccius.
Funke, Die Polizeigesetze u. Verordnungen d. Königr. Sachsen. 1847. Bd. II, Abt. I, S. 46[1].

Gad in Gruchots Beitr., III. Bd., S. 183, 1859, herausg. v. Rassow-Künzel.
Gareis in Behrend-Dahn. Zeitschr. f. d. deutsche Gesetzg. 1875. Bd. VIII, S. 184—185.
Gengler, Das deutsche Privatrecht. 1876. 3. Aufl. § 123, S. 437.
Gerber, System des deutschen Privatrechts. 1890. 16. Aufl. § 159, S. 263².
Gierke, in G. Schmoller, Jahrb. f. Gesetzg., Verw. und Volkswirtschaft im deutschen Recht. 1889. XIII. I. Heft. S. 218 f.
Girtanner, Rechtsfälle zu Puchtas Pandekten. 1852. S. 264. Nr. 259.
Goldschmidt, in seiner Zeitschr. f. d. ges. Handelsrecht. 1869. Bd. XIII, S. 339—340.
Grimm, Deutsches Wörterbuch. 1854. Bd. I, S. 911.
Gruchot in s. Beiträgen, herausg. v. Rassow-Künzel. Bd. XIII. 1869. S. 709 f.
Grützmann, Lehrbuch des K. S. Privatr. Bd. II. 1889. § 123, S. 2, § 138, S. 54. — im Sächs. Archiv für Bürgerliches Recht und Prozeß, herausgeg. von Hoffmann u. Wulfert. 1893. Bd. III, S. 685 f.
Günther, Principia juris Rom. priv. nov. Tit. II. Tom. II. S. 789. § 1079—1080.

Hartmann im Arch. f. d. civil. Praxis. 1888. Bd. 73 (N. F. 23), S. 374 f.
Hasenöhrl, Das Östreichische Obligationenrecht. 1886. Bd. II. 1. Abt. S. 5—16. § 57.
Hauser in Goldschmidts Z. f. d. ges. H. r. 1868. Bd. XII, S. 41. 49. 72. 74.
Heim, Neuerungen des E. e. B.G.B. f. d. D. R. im Vergl. mit d. B.G.B. f. Sachsen. 1891. S. 70.
Heineccius, Elementa jur. civ. 1767. 10. ed. Pars. VII. § 334, S. 397.
Heinsius, Volkstüml. Wörterb. der deutschen Sprache. 1818. Bd. I, S. 302.
Hermann, De pollicitationibus. 1857. S. 64—67.
Hesse, Taschenbuch des gemeinen Civilrechts. 1867. § 135, S. 220.
Heydemann, System des preuß. Civilrechts. 1851. S. 74.
Hillebrandt, Lehrbuch d. htg. gem. dtsch. Privatr. 1864. 2. Aufl. § 207¹⁸. S. 749.
Höpfner, Theor. prakt. Kommentar über d. Heinecc. Inst. 1803. 7. Aufl. § 735, S. 795.
Hofmann, Die Entstehungsgründe d. Obl., insbes. d. Vertrag. 1874. § 5, S. 38 f.
Hoffmann, (Mascovius) Diss. jur. de pollicitat. et voto. 1703. § 7 f., § 21.
v. Holzschuher, Theorie u. Casuistik d. gem. Civilr. 1863 f. 3. Aufl. S. 297—302.
Huschke in Linde-Marezolls Z. f. Civilr. u. Prozeß. Bd. V. N. F. S. 123. 1848.

Jhering in seinen und Gerbers Jahrbüchern f. Dogmatik. Bd. IV, S. 93—106. S. 50. 1861. Bd. VII, S. 377 f. 1865. Bd. X, S. 470. 1870. — Geist des römischen Rechts. 1877. 3. Aufl. Bd. III, S. 245.
Illing, Hdbch. f. preuß. Verwaltungsbeamte. 4. Aufl. 1886. Bd. I, S. 861.
Jurist. Blätter. IX. Jahrg. Nr. 43, 1880. S. 519 f. herausgeg. v. Burian u. Johanny.

Karlowa, Das Rechtsgeschäft und seine Wirkung. 1877. S. 274—277.
Keller, Pandekten. 1861. § 230, S. 455.
Kindervater in Iherings und Gerbers Jahrb. f. Dogmat. VII. 17 f. 18. 364 f.
v. Kirchstetter, Kommentar z. Östr. Allg. B.G.B. 1876. 3. Aufl. S. 438 f.

Koch, Das R. d. Forderungen nach gem. und nach preuß. R. 1840. Bd. II, § 142, S. 484. 1843. Bd. III, § 362, S. 837. — Allgem. Landr. f. d. Preuß. Staaten. 1884. Bd. I. 8. Aufl. S. 979—981.
Köppen in den Jahrb. f. Dogm. v. Ihering-Gerber. Bd. XI. S. 355, 362 f. 1871.
Kohler in den Jahrb. f. Dogm. v. Ihering-Gerber. Bd. XVII, S. 323 f. 1879. — in den Annalen der Großherzoglich Badischen Gerichte. 1875. Bd. XXXXI. S. 254—255.
Krais, Hdbch. d. innern Verwaltung im diesrhein. Bayern. 1881. 2. Aufl. § 91, S. 40.
Kuntze, Lehre von den Inhaberpapieren. 1857. Bd. I. § 12, S. 42[7].

Lang, Der Entwurf e. B.G.B. f. d. Königr. Bayern. 1862. Heft 2. S. 188.
Leonhard, Der Irrtum bei nichtig. Verträgen u. r. R. 1882. Tl. I. § 6, S. 126 f.
Liebe in Lindes Z. f. Civilr. u. Prozeß. 1841. Bd. XV, S. 198.

Mommsen, Erörterungen aas d. Obligat.-Recht. 2. Heft. 1879. § 18, S. 135—140.
v. d. Mosel, Handbuch d. K. S. Verwaltungsr. 1895. 7. Aufl. S. 470.
Mühlenbruch, Doctrina Pandectarum. 1831. Bd. II, § 347, S. 260. — Lehrbuch der Pandekten. 1844. 4. Aufl. Tl. II. § 347, S. 275, bes. v. Madai.
Müller, Lehrbuch der Institutionen. 1858. § 110, S. 293[10].

Nippel, Erläuterung des Allg. B.G.B. f. d. ges. dtsch. Länder d. Östr. Mon. 1833. Bd. VI, S. 12.

Pagenstecher, Pandektenpraktikum. 1860. § 92, S. 384—387.
Pernice in Goldschmidts Z. f. d. ges. Handelr. Bd. XX. 1875. S. 294—297.
Protokolle, Sitzungsprotokolle der Revisionskommission. CXVII, S. 4. 1857. — Justizministerialprotokolle, den E. e. B.G.B. betr. v. 8./VI. 1860. — Redaktionsprotokolle. § 785—786. — Revisionsprotokolle. § 785—787.
v. Preuschen-Liebenstein, E. z. e. allg. Deutsch. Civilgesetzbuch. 1848.
Puchelt, Kommentar zum A. D. Handelsgesetzb. 1855. Bd. II, S. 197 f. — in s. Zeitschr. f. franz. Civilrecht. 1870. Bd. I, S. 155.
Puchta, Pandekten. 8. Aufl. 1856. § 259, S. 394; 6. Aufl. 1852. S. 460.

Regelsberger, Civilrechtl. Erörterungen. Heft I. 1868. S. 196—227.
Rehbein und Reincke, Allg. Landrecht f. d. Prß. St. 1885. 3. Aufl. S. 609—610.
Rivier in Holtzendorffs Encyklop. Bd. I, S. 203 f. 1880. 3. Aufl.
Römer in Goldschmidts Z. f. d. ges. Handelsr. Bd. XX. 1875. S. 50.
v. Rönne, Ergänzungen u. Erläuterungen d. Allg. Ldr. f. d. preuß. Staaten. 1885. 7. Aufl. Bd. I, S. 936—937.
Rößig, Hdbch. d. Buchhandelr. 1804. c. XI. § 1—13, S. 280—287.
Rosencamp, De obligatione pollicitationis. 1739. § 24, S. 31.
Roßhirt, Gemeines deutsches Civilr. 1840. Tl. II. § 399, S. 363.

Savigny, Das Obligationenrecht. 1853. Bd. II, § 61, S. 88—90.
Scheurl, Beiträge z. Bearbeitung d. r. R. 1853. S. 206.
Schilling, Lehrbuch des Naturrechts. 1859. Abt. I. § 117, S. 180—181.
Schimmelpfeng, Hommel Redivivus. Bd. I. 1858. S. 475.
Schloßmann, Der Vertrag. 1876. § 8, S. 64—65.
Schmidt, Vorlesungen über das im Königr. Sachsen geltende Privatr. 1869. Bd. I, § 104, S. 376.
Schott, Der obligat. Vertrag unter Abwes. 1873. § 10, S. 140—148.

Schütze, Die Auslobung in Bekker-Muther, Jahrb. d. gem. R. Bd. V. 1862, S. 33—73.
Schweppe, Das röm. Privatr. in s. htg. Anwendung. 1831. 4. Anfl. § 504, S. 324.
Seuffert, Lehrbuch des Pandektenrechts. 1867. Bd. II. 4. Aufl. § 256, S. 64 f. — Blätter für Rechtsanwendung. Bd. XXII, S. 11. 1857; Bd. XXV, S. 177—188. — Archiv für Entscheidungen der obersten Gerichte. Bd. IX. 1855. Nr. 275. 276. Bd. XI. 1857. Nr. 217. 218.
Siebenhaar, Kommentar z. B.G.B. f. d. Königr. Sachsen. Bd. II. Von Pöschmann. 1869. 2. Aufl. S. 79. — Lehrbuch des sächs. Privatr. 1872. § 295, S. 491. — Archiv f. deutsches Wechsel- u. Handelsr. Bd. VI. S. 274. 1874.
Siegel, Das Versprechen als Verpflichtungsgrund. 1873. § 11, S. 91—108.
Sintenis, Das praktische gemeine Civilr. 1861. Bd. II. 2. Aufl. § 98, S. 277—278. — Anleitung zum Studium d. B.G.B. f. d. Königr. Sachsen. 1864. S. 215—216.
Sohm in Goldschmidts Z. f. d. ges. Handelsr. Bd. XVII. 1873. S. 47. 49. 67. 78. 88.
Steppes in Seufferts Blättern f. Rechtsanwendung. Bd. XXV, S. 186 in d. Anm.
Stobbe, Handbuch des deutschen Privatr. 1878. Bd. III, § 171, S. 101.
v. Stubenrauch, Kommentar z. Östr. B.G.B. 1885. 4. Aufl. II. S. 185—186. — Handbuch d. Östr. Verwaltungsgesetzkunde. 1859. Bd. I, § 232, S. 539—540.
v. Stoekken, De pollicitatione. 1679. quaest. II.
v. S. in der Krit. Viertelj. Schrift. XVII. 1875. S. 112 f.

Temme, Handbuch des preuß. Civilrechts. 1843. § 243, S. 197—198.
Thibaut, System des Pandektenrechts. 1846. 9. Aufl. Bd. I, § 570, S. 479.
Tschirner, Diss. de indole ac natura promissionis pop. „Auslobung", quam vocant. 1869.

Ulbricht, Handbuch d. östr. pol. Verwaltung. Bd. II. 1. Hälfte. 1890. S. 91.
Unger in Grünhuts Z. f. d. Privat- u. öff. Recht d. Gegenw. Bd. I. 1874. S. 369 f.
Unterholzner, Lehre d. r. R. v. d. Schuldverh. 1840. Bd. I, § 26, S. 53.

Valett, Ausf. Lehrb. d. prakt. Pandektenr. 1828. Bd. I. Bch. 3. S. 5. § 389.
Vangerow, Pandekten. 1869. 7. Aufl. § 603. Anm. 2.
Völderndorff in den Bl. f. Rechtsanwendung. XXV. S. 177—187. (N. F. Bd. V.) 1860.

Wächter, Pandekten. 1881. Bd. II, § 185, S. 360.
Wendt, Lehrbuch der Pandekten. 1888. S. 588.
Wengler-Brachmann, Das B.G.B. f. d. Königr. Sachsen. 1878. Bd. I. S. 312.
v. Wening-Ingenheim, Lehrbuch d. gem. Civilr. 1831. 4. Aufl. S. 128.
v. Werdermann, Einleitung in d. gem. R. d. Prß. Staaten. 1797. Tl. I. S. 159.
Windscheid, Lehrbuch des Pandektenrechts. 1. Aufl. 1865. Bd. II. 1. Abt. S. 165. 309; 6. Aufl. Bd. II. 1887. § 250[3], S. 4, § 304 Z. 3. S. 173, § 307[7a], S. 186, § 308[3] S. 189; 7. Aufl. Bd. II. 1892. S. 161—164. § 308, 1. — in d. Krit. Viertelj. Schrift v. Pözl-Windscheid. 1868. Bd. X. S. 156—158.

Wolf, Die Perfektion der Schuldverträge. 1869. S. 101—109.
Chr. de Wolf, Institutiones juris nat. et gent. 1774. S. 377. § 675.

Zabel, (Schachers) Diss. Jur. de pollicitatione. 1654. § 1. 3. 7.
Zachariae v. Lingenthal, Hdbch. d. frz. Civilr. 1875. 6. Aufl. Bd. II. S. 424 f. § 343.
Zeitschrift für Rechtspflege und Verwaltung. Bd. XXXI, S. 381. 1868.
Zusammenstellung der Außerungen der Bundesregierungen zu d. E. e. B.G.B. Bd. II, S. 72. 1891.
Zusammenstellung der gutachtlichen Äußerungen zu dem Entwurf e. B.G.B. Bd. II, S. 326 f. 1890. Bd. VI, S. 466. Nachtr. 1891.

§ 1. Einleitung.

Den Gegenstand der nachfolgenden Erörterungen soll die Lehre von der Auslobung bilden.[1]

Die Fälle, welche unter diesem Begriffe zusammengefaßt werden, sind die mannigfachsten: Aussetzung von Preisen für künstlerische und wissenschaftliche Leistungen, von Belohnungen für das Wiederbringen verlorener Sachen, die Entdeckung eines Verbrechens, den Nachweis einer Beschäftigung u. s. w.

---

[1] Das Wort „Auslobung" hat eine mehrfache Bedeutung. Kuntze zu Holzschuher III, 297 XX. In dem Sinne, in welchem es in der vorliegenden Arbeit gebraucht wird, ist es der Sprache des gewöhnlichen Lebens fremd. Selbst in der umfassenden „Encyklopädie der Wissenschaften und Künste" von Ersch und Gruber 1818 f. wird es nicht erwähnt. Dagegen finden wir das Wort, und zwar auch in unserem Sinne, in den meisten Wörterbüchern der deutschen Sprache. Adelung I, 615; Heinsius I, 302; Grimm I, 911 s. v. „Auslobung". Letzterer führt noch an, daß es schon bei Luther vorkomme. Wann aber das Wort im juristisch-technischen Sinne zuerst angewendet wurde, ist noch nicht genügend aufgehellt. Bülow, welcher als erster 1817 eingehend die Lehre von der Auslobung behandelt hat, braucht den Ausdruck in dem genannten Sinne, ohne jene Frage zu streifen; es scheint nicht unwahrscheinlich, daß er denselben auf das Rechtsgebiet übertragen hat. In derselben Richtung ist auch die aus dem Jahre 1864 stammende auf die Auslobung in unserem Sinne bezügliche Bemerkung Hillebrands 749[18] zu vergleichen: „Mit dem Worte Auslobung bezeichnet man übrigens in neuester Zeit auch eine durchaus verschiedene Rechtshandlung." Seit Bülow ist das Wort jedenfalls in die Rechtssprache aufgenommen und zur Bezeichnung eines bestimmten Rechtsinstitutes technisch verwendet worden. Valett Bd. I, Bch. 3, S. 5 und Thibaut I, 479 ziehen den Namen „Angelobung" vor. Das preußische Landrecht regelt unseren Gegenstand unter der Überschrift „Prämie".

Derjenige, welcher das Versprechen abgiebt, heißt der Auslobende oder Auslober. Dagegen ist über die Bezeichnung derer, welchen gegenüber das Versprechen abgegeben worden ist, bez. welche nach Erbringung der geforderten Leistung die Belohnung in Anspruch nehmen, keine Einigkeit vorhanden. Regelsberger nennt dieselben „Anerbotene". Indes bemerkt Windscheid in der Krit. Viert. Schrift X, 158 mit Recht, daß man bei der Bildung von Kunstausdrücken das sprachlich Unrichtige sich nie erlauben dürfe. Die Mehrzahl der Schriftsteller spricht von „Oblaten", Ihering und Schott auch von „Induzierten".

Täglich lesen wir derartige Ankündigungen und Versprechungen in den Tagesblättern und an den Anschlagsäulen.[1]

Und doch gehört die Frage nach der rechtlichen Natur der Auslobung und nach den Grundsätzen, welche der Richter im einzelnen Falle zur Anwendung zu bringen hat, zu den bestrittensten der Rechtswissenschaft.[2] Der Grund liegt nicht nur darin, daß die Lehre von der Auslobung erst und gerade in neuester Zeit eine eingehendere Behandlung gefunden hat, eine Einigung aber noch nicht erzielt worden ist, sondern insbesondere in dem Umstande, daß die Quellen, aus welchen die rechtliche Natur der Auslobung erkannt werden könnte, nur in geringem Umfange vorhanden sind, und daher der, welcher die Lehre von der Auslobung bearbeitet, die einzelnen Rechtssätze aus der Natur der Sache entwickeln muß, d. h. aus derjenigen Auffassung der thatsächlichen Verhältnisse, welche ihm, dem einzelnen, nach seiner persönlichen Anschauung und Beanlagung als die vernünftigste und den praktischen Bedürfnissen angemessenste erscheint.

Daß eine derartige Lage der Sache zu den erheblichsten Meinungsverschiedenheiten der einzelnen Schriftsteller dieser Lehre führen muß, liegt auf der Hand. Sehr gut drückt dies Stobbe dahin aus:[3] „Wir befinden uns einem Problem gegenüber, welches von der Gesetzgebung fast ganz vernachlässigt geblieben und auch durch die Praxis nicht fest geregelt ist. Die zahlreichen, schwierigen Detailfragen, welche die Auslobung darbietet, werden von den Schriftstellern aus der Absicht des Verkehrs und den modernen Rechtsauffassungen heraus zu lösen versucht; doch ist das Resultat der Doktrin äußerst mangelhaft und unbefriedigend, da der einzelne die Absichten des Verkehrs je nach seinem subjektiven Standpunkte sehr verschieden ansieht," und Hofmann[4] nennt die Auslobung treffend „ein unfertiges, der Ausbildung durch Wissenschaft und Gesetzgebung noch harrendes Institut".

---

[1] Hasenöhrl II, 5; Tschirner 1 f; Regelsberger 201; Schütze 48, 51, 71; Rivier I, 203; Windscheid II, 161[2]; Bülow 271; Pagenstecher 385; Völderndorff XXV, 177; Savigny II, 90; Einert 91; Brinz II, 1549; Cosack 1010; Wendt 588; Gruchot XIII, 716; Hofmann 40; Stubenrauch, Kommentar I, 185 f; Vangerow III, § 603, Nr. 1. E. Mot. Hess. 108, E. Mot. Bay. 229.

[2] Mit Recht sagt Karlowa 275: „Man wird nicht verkennen können, daß wir uns, was die einzelnen auftauchenden Fragen und Zweifel anlangt, auf sehr schwankendem und schlüpfrigem Boden befinden," ebenso Ihering in s. Jahrb. IV, 95; Sintenis, Anleitung 215.

[3] Stobbe III, 102.

[4] Hofmann 39, ähnlich Wendt 588.

§ 2. Die Quellen.

Die hier in Betracht kommenden Quellen des Rechtes der Auslobung sind dreifacher Art: Die gesetzlichen Bestimmungen, welche die Auslobung zum Gegenstand der Regelung haben, die Aussprüche der Praxis der Gerichte, welche über die im Leben zur Entstehung gekommenen und zur Entscheidung vor den Richter gebrachten konkreten Fälle unseres Rechtsinstitutes gefällt worden sind, und die Summe der Erkenntnis, welche sich in der über die Auslobung entstandenen Litteratur niedergelegt findet.

Die Regelung, welche die Auslobung bisher durch die Gesetzgebung erfahren hat, ist eine äußerst dürftige.

Was zunächst das römische Recht anbetrifft, so steht fest, daß die Auslobung den Römern als Erscheinung des Verkehrslebens bekannt gewesen ist;[1] dies wird auch nicht bestritten; jedenfalls habe ich die Bemerkung Leonhards[2]: „Man behauptet vielfach, die Auslobung sei den Römern unbekannt,“ nirgends bestätigt gefunden.

Dagegen ist die Frage, ob im römischen Recht die Auslobung eine actio zu erzeugen imstande war, eine bestrittene.[3]

Von den Schriftstellern, welche sich in bejahendem Sinne geäußert haben, werden zur Unterstützung ihrer Meinung folgende Stellen der römischen Juristen, insbesondere des Corpus juris herangezogen.

---

[1] Baron Pa. 351; Vangerow III, § 603, Nr. 1; Kirchstetter 433; Hasenöhrl II, 6[6]; Siegel 91; Leonhard 127[1]; Windscheid II, 162[3]; Exner 343, Rivier I, 203; Koeppen 362, Ihering in s. Jahrb. VII, 379[2]; Spez. M. zu Sächs. E. 1861, 756, ferner zugleich unter Angabe von Beispielen aus dem Altertum, welche dies klar erkennen lassen: Bruns, Fontes 273 f.; Ihering in s. Jahrb. IV, 93[95], Geist des r. R. III, 245[322]; Kuntze, Inhaberp. I, 42[7]; Regelsberger 197[x], Dernburg Pa. II, 24, insbesondere aber Tschirner 8—30, 90, 107, dessen Arbeit eine Fülle überzeugenden Materials bietet, endlich Kohler in den Annalen der badischen Gerichte XXXXI, 254 und in Iherings Jahrb. XVII, 323, welcher indes auch — in dem zuletzt zitierten Aufsatz — von der „in den römischen Rechtsdenkmälern kaum berührten Auslobung“ spricht. Siehe ferner Augsb. Allg. Zeitung, Beilage vom 8./VII. 1875, S. 2978.

[2] Leonhard 127[1].

[3] Verneint wird die Frage von Rivier I, 203; Vangerow III, § 603, Nr. 1; Savigny II, 90; Hasenöhrl II, 6[6]; Ihering in s. Jahrb. IV, 93, VII, 380; Geist d. r. R. III, 245; Koch, Allg. Landr. I, 979; Kirchstetter 433; Köppen 362; Baron Pa. 351; Siegel 92; Wendt 588; Arndts 481; bejaht von Leonhard 127[1]; Tschirner 90, Hermann 67; schwankend Schütze 62; Windscheid II, 162[3] (Hasenöhrl ist der Meinung, daß Windscheid die Frage bejahe).

1. l. 4, 4 D. XII, 5.[1]

In dieser Stelle ist den Worten: si tibi bis zu accepisti — denn soweit könnte sie hier nur in Frage kommen — davon die Rede, daß jemand, welchem ein Sklave entlaufen ist, oder dem Gegenstände entwendet worden sind, einem bestimmten anderen („tibi") eine gewisse Summe auszahlt, damit jener ihm den Flüchtling oder den Dieb seines Eigentums anzeige; es wird bemerkt, daß diese Denunziationsgebühr („indicium") nicht zurückgefordert werden könne, da sie nicht in schimpflicher Weise erlangt sei.

Hier handelt es sich also lediglich um eine bestimmte Person, welche die ihr angebotene Belohnung annimmt und sich anheischig macht, den geforderten Gegendienst zu leisten.

2. l. 43, 8, 9 D. XXXXVII, 2.[2]

Fragefall ist folgender: Jemand hat eine Sache, deren Eigentümer ihm nicht bekannt ist, gefunden, und giebt sie demjenigen heraus, welcher sie verlangt oder nachgewiesen hat, daß sie ihm gehöre. Haftet er mit der actio furti? Nachdem Ulpian diese Frage verneint hat, fährt er fort: solent plerique etiam hoc facere, ut libellum proponant, continentem invenisse se et redditurum ei, qui desideraverit, d. h. es sei meist üblich, daß die Finder ihren Fund öffentlich bekannt machen und sich gleichzeitig dabei zur Herausgabe an den ihn Fordernden bereit erklären. Der Jurist meint: auch hieraus könne erkannt werden, daß jene Finder nicht animo furandi gehandelt hätten, ja dies sei nicht einmal dann der Fall, wenn sie einen Finderlohn beanspruchten, wenngleich diese Forderung nicht recht anständig („non probe") erscheine.

Diese Stelle spricht also, abgesehen von der Frage einer eventuellen strafrechtlichen Haftung des Finders, nur von der Bekanntmachung des Fundes durch ihn und von der Frage, ob er einen Finderlohn zu beanspruchen berechtigt sei.

3. l. 15 D. XIX, 5.[3]

---

[1] Hierzu Tschirner 6, Hasenöhrl II, 6; Regelsberger 197; Schütze 57[27], 61[40]; Arndts 481[8]; Böcking I, 378[15].

[2] Hierzu Arndts 481[8]; Hasenöhrl II, 6[6]; Hermann 64[xxx]; Schütze 59, 59[36], 61[40]; Delbrück III, 7—9; Böcking I, 378[15].

[3] Über diese Stelle: Puchta 394; Savigny II, 90; Arndts 481[8]; Sintenis Civilrecht 277[58]; Schott 147[254]; Erk. d. O.A.G. Lübeck von 1840 in Seufferts Archiv XI, 332; Mühlenbruch Doctr. P. II, 260, Lehrb. II, 275; Völderndorff XXV, 180; Kuntze zu Holzschuher III, 298; Beckhans 37; Curtius III, 267; Regelsberger 198; Hermann 67[xxx], 68[x]; Schütze 40[7], 56 f., 59[36], 61[40]; Tschirner 4—5, 91—93; Bülow 274, 278—279; Hasenöhrl II, 6; Böcking I, 378[15]; außerdem die bei Schimmelpfeng: Hommel Redivivus I, 475 Citierten, denen etwa noch hinzuzufügen ist: Huschke V, 123 und Römer XX, 50.

Diese von Ulpian herrührende Stelle ist in unserer Lehre zu besonderem Ansehen gelangt.

Bülow bemerkt in Bezug auf das angezogene Fragment: In dem vorliegenden Falle sei ursprünglich nur ein pactum nudum vorhanden gewesen, geeignet „demnächst" ein Klagerecht gegen den Promittenten zu erzeugen. Durch Erfüllung der Bedingung nämlich, von welcher jenes Versprechen abhängig gemacht sei, werde die Klage aus dem Innominatkontrakt begründet; man müsse also annehmen, daß das pactum nudum durch die gegenseitige Leistung in den Realkontrakt: „facio, ut des" übergegangen sei.

Dieser Ansicht folgt in der Hauptsache Tschirner, und auch Mühlenbruch leitet aus der gedachten Stelle „argumento" her, daß die Auslobung nach den Grundsätzen des römischen Innominatkontrakts beurteilt werden müsse.

Demgegenüber behaupten andere: es handle sich hier um einen Vertrag mit einer bestimmten Person und daher überhaupt nicht um einen Fall der Auslobung.

Nach meiner Ansicht zerfällt die Stelle in zwei Teile und zwar so, daß die Worte: solent bis non timet condictionem den ersten Fall umfassen. In ihm erzählt der Jurist: es sei in Rom üblich, daß Personen, welche den Versteck flüchtiger Sklaven erfahren haben, deren Aufenthaltsort ihren Eigentümern anzeigen und hierfür eine Belohnung zu empfangen pflegen, in deren Erwartung sie ihre Anzeige erstatten. Der Fall erweckt das Interesse Ulpians insofern, als es fraglich erscheinen kann, ob die leistenden Eigentümer nicht mittels einer condictio den gezahlten Preis wieder zurückfordern können. Der Jurist verneint dies, weil die Denunzianten nicht aus einer improba causa die Leistung empfangen haben. Aus diesem Thatbestand, wie ihn der Jurist vorträgt, erhellt zur Genüge, daß in demselben von einer zwischen den Parteien getroffenen Vereinbarung bezüglich des Lohnes nicht gesprochen wird. Es steht vielmehr völlig im Belieben des Eigentümers, ob und eine wie hohe Gebühr er dem Denunzianten gewähren will. Verpflichtet war er dazu nicht, wie auch andererseits der Denunziant durch seine Mitteilung ein Forderungsrecht auf das Indicium nicht erlangte. In der Mehrzahl der Fälle („solent") allerdings erhielt er die Gebühr freiwillig vom Eigentümer ausgezahlt, wie er ja auch um deswillen gerade („sic", d. h. in diesbezüglicher Erwartung; zuviel würde man hier in dieses Wort legen, wollte man es mit „unter der Bedingung" übersetzen) die Anzeige zu erstatten pflegte. Davon aber, daß der Eigentümer öffentlich versprochen hätte, demjenigen, der ihm den Aufenthalt seiner Sklaven verriete, eine besondere Belohnung zu geben, ist in dem angezogenen Abschnitte unserer lex nicht die Rede.

Der übrige Teil der Stelle hat folgenden Inhalt: Es ist eine Vereinbarung („pactio") zwischen dem Eigentümer eines entlaufenen Sklaven und einem Dritten dahin getroffen worden, daß jener dem anderen eine bestimmte Summe für den Fall geben werde, daß er ihm den Aufenthaltsort des flüchtigen Sklaven so anzeige, daß derselbe ergriffen werden könne. Der Jurist beschäftigt sich mit dieser pactio in der Richtung, daß er sich zur Aufgabe stellt, zu untersuchen, ob eine solche Vereinbarung eine actio zu erzeugen imstande sei. Das Resultat, zu welchem er kommt, ist dieses: er sagt: die conventio sei keine nuda, sondern habe etwas von einem negotium in sich; daher könne die vereinbarte Leistung mit einer actio praescriptis verbis, oder wenn ein dolus von Seiten des Eigentümers nachzuweisen sei, mit der actio doli geltend gemacht werden.

Hiernach scheint mir nicht zweifelhaft, daß in dem zweiten Teile der Stelle von einer allerdings formlosen Vereinbarung mit einer bestimmten Person gesprochen wird, also auch hier kein Fall der Auslobung vorliegt.

4. l. un. C. de suffragio IV. 3.[1]

Diese Konstitution bestimmt in ihrem principium, daß wenn jemand, der ein Bittgesuch anzubringen wünscht, hierzu die Unterstützung irgend eines anderen („a quoquam") erbeten und sich in Betreff der Gegenleistung durch ein Versprechen verpflichtet hat, er gehalten sein soll, dieses Versprechen zu erfüllen, sobald er das, was er begehrt, erlangt hat.

Den Ausdruck „desideria" hier mit „Wünsche" zu übersetzen, verbietet die weiter unten und nur in dieser lex in den Rechtsquellen vorkommende Beifügung „commonitorio" zu suffragio. Kulturgeschichtlich interessant ist die constitutio insofern, als sie die Bestechung in gewissem Grade gestattet; namentlich dürfte an die beim kaiserlichen Hofe eingereichten Gesuche zu denken sein.

Bülow ist der Meinung: Diese Stelle beziehe sich auf die Auslobung und gestatte in keiner Weise die Annahme, daß hier ein Vertrag mit einer bestimmten Person vorliege, was schon aus dem Ausdruck „a quoquam" hervorgehe.

Schütze vertritt die entgegengesetzte Ansicht, und ebenso Tschirner, der den Gegenbeweis aus den Worten: „et ob referendam vicem se sponsione constrinxerint" herleitet. Ihnen muß ich beipflichten. Gegen Bülow spricht auch der ebenfalls auf das principium bezügliche übrige Teil der constitutio, welcher von der Beschaffenheit der für die gewährte Unterstützung versprochenen

---

[1] Schütze 60—61; Tschirner 3—4; Bülow 276—277; Bucher I, 34[3]; Völderndorff XXV, 180; Puchta, 6. Aufl., 460.

Gegenleistung handelt. Schon im § 1 heißt es: „contractus habebit perpetuam firmitatem".

Endlich ist noch der nicht im Corpus iuris enthaltenen, aber von der Mehrzahl unserer Schriftsteller bei Besprechung dieser Frage betrachteten Stelle

5. Paul. Sent. Rec. II, 31, § 24[1] Erwähnung zu thun.

Während Bülow dieselbe zur Erklärung der l. 15 D. XIX, 5 verwenden zu können glaubt, bemerkt Schütze, daß dieses Fragment eher von dem Versprechen eines Preises an eine bestimmte Person, welche es übernimmt, einen Dieb so anzugeben, daß man ihn ergreifen kann, zu verstehen ist, als von der Auslobung an irgend jemanden, der jenes unternehmen werde. Er schließt dies daraus, daß „promissum" und nicht „propositum" oder ein ähnlicher Ausdruck von Paullus gebraucht ist.

Mit Recht führt auch Tschirner an, daß sich aus jener Stelle nicht ersehen läßt, ob die Belohnung öffentlich versprochen worden ist, sowie ob der Angeber durch eine öffentliche Versprechung bewogen, die Anzeige erstattet hat. Deshalb muß daran festgehalten werden, daß auf diese Stelle die juristische Natur der Auslobung nicht gestützt werden kann.

Eine Zusammenfassung der vorstehenden Betrachtungen ergiebt, daß keine der besprochenen Quellenstellen, und insbesondere der im Corpus iuris enthaltenen, die Auslobung erwähnt.[2]

Es mag gestattet sein, schon an dieser Stelle die Frage zu erörtern, welche Schlüsse aus diesem Schweigen der Quellen auf die rechtliche Anerkennung der Auslobung zunächst im römischen und dann auch im gemeinen Recht zu ziehen sind.

Die Mehrzahl der Schriftsteller folgert, daß die Römer der Auslobung die Klagbarkeit versagt haben. Zu dem entgegengesetzten Schlusse kommt Tschirner.[3] Er schreibt die Schweigsamkeit der Quellen nur einem ungünstigen Zufall zu und behauptet, die Rechtsgiltigkeit der Auslobung sei den römischen Juristen so offenbar gewesen, daß sie es für überflüssig hielten, dieselbe ausdrücklich hervorzuheben.

Tschirners Annahme halte ich nicht für gerechtfertigt. Die Frage nach der juristischen Natur der Auslobung, welche er zur Unter-

---

[1] Hierzu Hasenöhrl II, 6; Bülow 278; Schütze 57[27], 61; Tschirner 5; Hermann 68x; Regelsberger 197: Gruchot XIII, 716.

[2] Zugestimmt werden muß Tschirner 5, welcher die Behauptung Schützes: Bülow habe auch l. 5, 3 und l. 22, 8 D. XIX, 5 auf die Auslobung bezogen, nicht für gerechtfertigt erachtet. Selbstverständlich ist die Bemerkung Kochs, Allg. Landr. I, 979 bezüglich der l. 5 C. VIII, 17.

[3] Tschirner 6; 93.

stützung seiner Ansicht heranzieht, soll hier noch außer Acht gelassen und nur zunächst eine allgemeine Erwägung geltend gemacht werden.

Muß es nicht auffallen, daß die römischen Juristen, welche die Auslobung als Erscheinung des Verkehrslebens kannten, dieselbe doch nicht zum Gegenstande rechtlicher Erörterungen in ihren Schriften gemacht haben, und daß sich auch nicht eine einzige auf die Auslobung bezügliche Stelle im Corpus iuris findet? Es unterliegt wohl keinem Zweifel, daß der eine oder andere Fall der Auslobung vor den römischen Prätor gebracht worden ist. Hätte dieser ihr die rechtliche Anerkennung nicht versagt, so würde er eine Anweisung an den iudex erteilt oder die Sache seiner Entscheidung selbst vorbehalten haben. In beiden Fällen wäre dieselbe aber derart ausgefallen, daß sie das Interesse der Juristen erweckt hätte. Denn es handelt sich hier um ein an eine persona incerta gerichtetes, öffentliches Versprechen, und eine Anerkennung der Auslobung würde sich als Ausnahme von dem römischen Satze, daß Rechtsgeschäfte mit incertae personae der Gültigkeit entbehren, dargestellt haben. Sollten die römischen Juristen aber in solchem Falle nicht Gelegenheit genommen haben, diese Ausnahme in ihren Schriften zu erörtern?

Hiernach glaube auch ich die Frage, ob die Auslobung nach römischem Rechte klagbar sei, verneinen zu müssen.

Die Entwickelung der Klagbarkeit der Auslobung im gemeinen Recht ist nun besonders von Tschirner in seiner Abhandlung über unseren Gegenstand eingehend und mit großem Fleiße untersucht worden. Er hat einzelne Fälle der Auslobung, namentlich die Zusage eines Lohnes an den Finder einer Sache, und das Versprechen eines Preises an den Entdecker eines Verbrechers in der Behandlung verfolgt, welche dieselben in der Litteratur der Glossatoren und Postglossatoren gefunden haben. Er gelangt zu dem Ergebnis, daß die Auslobung allerdings im gemeinen Recht anerkannt sei. Hiermit stimmen auch fast alle älteren und neueren Bearbeiter dieser Lehre überein, wenngleich darüber, wie die Klagbarkeit der Auslobung zu begründen ist, noch einige Meinungsverschiedenheit besteht. Die meisten Schriftsteller führen die Klagbarkeit der Auslobung auf ein Gewohnheitsrecht und zwar des Inhaltes zurück, daß der Auslobende auf die versprochene Belohnung belangt werden kann, falls die begehrte Leistung in einer den gestellten Anforderungen entsprechenden Weise erbracht worden ist.[1]

---

[1] So Rivier I, 203; Vangerow III, § 603, Nr. 1; Kuntze zu Holzsch. III, 298; Ihering in s. Jahrb. IV, 94, VII, 173; Exner 338; Windscheid II,

Von anderer Seite wird bestritten, daß die Gewohnheit die Quelle der Klagbarkeit sei, und behauptet, daß es eines solchen Gewohnheitsrechtes nicht bedürfe, da die Auslobung die Bedingung der Rechtsgültigkeit in sich trage. Insbesondere vertritt Tschirner[1] diesen Satz. Er stützt denselben auf seine Konstruktion der Auslobung und meint dann: Die Berufung auf ein Gewohnheitsrecht wäre nur notwendig, wenn die Auslobung etwas einführte, was vom römischen Recht abwiche. Die Unhaltbarkeit dieser Anschauung wird sich ergeben, wenn nachgewiesen werden kann, daß die Tschirnersche Konstruktion der Auslobung nicht richtig ist.

Eine dritte Ansicht endlich sieht im allgemeinen Rechtsbewußtsein die Quelle der Rechtsgültigkeit der Auslobung.[2] Allerdings entspricht dieselbe dem Bewußtsein des Volkes; freilich ist damit noch nicht gesagt, daß sie Recht ist. Hierzu muß die Übung kommen, und mir scheint die Überzeugung des Volkes bei der Auslobung vor allem durch die Übung der Juristen insofern zum Ausdruck gebracht worden zu sein, als alle Rechtsgelehrten, welche die Auslobung in ihren Schriften erwähnen, wenn auch von verschiedenen Gesichtspunkten aus, doch darin übereinstimmen, daß aus der Auslobung eine vom Recht anerkannte Verpflichtung hervorgehe. Nur Savigny[3] vertritt unter allseitigem[4] Widerspruch den Standpunkt des römischen Rechts, daß die Auslobung unklagbar sei, auch für das gemeine Recht. Zu dieser Ansicht ist er dadurch geführt worden, daß er die Auslobung fälschlich als Vertrag mit einer unbestimmten Person auffaßt. Nicht unerhebliche Bedenken gegen die Rechtsverbindlichkeit der Auslobung haben die vielfachen Streitfragen in dieser Lehre bei Mommsen[5] hervorgerufen.

Es erübrigt noch, der Regelung der Auslobung in den Gesetzgebungen der Neuzeit nachzugehen. Die bezüglichen Bestimmungen sollen hier nur zusammengestellt, und erst im späteren Verlauf der Darstellung die Klagbarkeit der Auslobung nach den

162[8], in d. 1. Aufl. 166[5]; Pagenstecher 385; Koch, Allg. Landr. I, 979; Brinz II, 1, 142; Karlowa 275; Kirchstetter 433; Gruchot XIII, 709; Wolf 105; Völderndorff XXV, 179, dag. Leonhard 127.

[1] Tschirner 94.

[2] Hasenöhrl II, 7; Arndts 482.

[3] Savigny II, 90.

[4] Gegen Savigny haben sich erklärt: Tschirner 67, 69 f., Förster I, 438; Seuffert Pa. II, 65; Exner 338; Vangerow III, § 603, Nr. 1; Arndts 481; Windscheid II, 162[8]; Regelsberger 199; Kindervater VII, 365; Schütze 39 f.; Sintenis Civilrecht 278[58]; Siegel 105[31]; Völderndorff XXV, 178 f.

[5] Mommsen II, 137—138.

verschiedenen Rechten besprochen werden. Eine gesetzliche Regelung enthält:

I. das Allg. Landrecht für die Preuß. Staaten, Teil I, Titel 11, § 988—995.

II. das Bürgerl. Gesetzbuch für das Königr. Sachsen, § 771, während das Östreichische Bürgerl. Gesetzbuch, der Code civil, das Badische Landrecht und das Schweizerische Obligationenrecht die Auslobung nicht besonders erwähnen.

Von Entwürfen[1] nenne ich:

1. Entwurf eines Bürgerl. Gesetzbuchs für das Großherzogtum Hessen von 1853, Teil II, Art. 198—206.

2. Entwurf eines Bürgerl. Gesetzbuchs für das Königr. Bayern von 1861, Teil II, Art. 753—761.

3. Entwurf eines allgemeinen deutschen Gesetzes über Schuldverhältnisse von 1866 (Francke), Teil II, Art. 681—686.

4. Entwurf eines Bürgerl. Gesetzbuchs für das Deutsche Reich; 1. Lesung von 1888, Buch II, Abschn. II, Titel VIII, § 581—584, und 2. Lesung von 1894, Buch II, Abschn. VII, Titel X, § 589—592.

In dem von Friedrich August, Freih. v. Preuschen-Liebenstein, 1848 verfaßten Entwurf zu einem allgemeinen deutschen Civilgesetzbuch nebst Motiven wird die Auslobung nicht berührt.

Was die gerichtliche Praxis als Quelle der Rechtsgrundsätze, welche über die Auslobung gelten, anlangt, so sind mir in den mir zugänglichen Spruchsammlungen nur folgende hierher gehörige Entscheidungen der Gerichte bekannt geworden.

A. für das gemeine Recht:

Die Erkenntnisse der Oberappellationsgerichte zu Lübeck vom 12/IX. 1840 und 28/II. 1852; Seufferts Archiv, Bd. XI, Nr. 217, Bd. IX, Nr. 275, 276, und Kiel vom 27/X. 1855; Seufferts Archiv, Bd. XI, Nr. 218, die des obersten Gerichtshofs München vom 28/XII. 1855 in den Seuffertschen Blättern für Rechtsanwendung, Bd. XXII, S. 11 und vom 11/IV. 1860, ebenda, Bd. XXV, S. 177, das von Schütze 34 f. erwähnte Erkenntnis und den von Regelsberger 210 mitgeteilten Rechtsfall, welcher durch Vergleich sich erledigte.

B. für das preußische Recht:

Die von Rönne I, 937 citierte Entscheidung und das in den Entscheidungen des Reichsgerichts Bd. XI, S. 281 f., sowie mehrfach in anderen juristischen Zeitschriften[2] abgedruckte Urteil des Reichsgerichts vom 26. September 1883.

---

[1] Tschirner 8; E. Mot. II, 518; Gruchot XIII, 715.

[2] So in Gruchots Beiträgen 1884. 3. Folge. 8. Jahrgang. S. 243 f.

C. für das sächsische Recht:

Das Erkenntnis des Oberappellationsgerichts Dresden vom Dezember 1867 in der Zeitschrift für Rechtspflege und Verwaltung Bd. XXXI, S. 381 und des Oberlandesgerichts Dresden von 1882 in den Annalen des K. S. O.L.G. Bd. IV, S. 252 f.

D. für das östreichische Recht:

Die Entscheidung des obersten Gerichtshofes vom 24/X. 1880 in den Jur. Blättern Bd. IX, Nr. 43, S. 519.[1 2]

Wie kommt es nun, daß verhältnismäßig so wenige Auslobungsfälle zur richterlichen Entscheidung gelangen? Der Grund dürfte darin zu finden sein, daß bei der Auslobung, ihrer ganzen Natur nach, insbesondere mit Rücksicht auf die Öffentlichkeit, welche der Erklärung des Auslobenden beiwohnt, „stärker, als in vielen anderen Verhältnissen ein natürliches Anstandsgefühl zur pünktlichen Erfüllung anspornt".[3] Und zwar um deswillen, „weil die öffentliche Meinung hier stärker als in anderen Fällen gegen die Verletzung der Pflicht des Anstandes und der Ehrlichkeit reagiert. Das Publikum will sich nicht hänseln und mißbrauchen lassen".[4]

Die Vermutung Regelsbergers,[5] daß sich vielleicht in nächster Zeit die Auslobungsfälle im Gerichtssaale mehren werden, da die Preisausschreibung bei Lösung von wissenschaftlichen, künstlerischen oder technischen Aufgaben immer mehr in Aufnahme kommt, hat sich bisher nicht bewahrheitet.

---

[1] Hasenöhrl II, 7[9].

[2] Richtig bemerkt Mommsen II, 137[13], daß in den im Seuffertschen Archiv mitgeteilten Entscheidungen die Verbindlichkeit nur beiläufig anerkannt wird, ohne daß für den konkreten Fall etwas darauf ankam. Dies möchte auch für verschiedene andere der vorerwähnten Urteile zutreffend erscheinen. Jedenfalls aber sind auch sie Zeugnisse für die Anerkennung der Rechtsverbindlichkeit der Auslobung durch die Gerichte, und aus der in den Gründen citierten Litteratur ergiebt sich zugleich, daß die in den fraglichen Fällen entscheidenden Richter sich in ihrer Ansicht über die Rechtsverbindlichkeit der Auslobung durch die von den Schriftstellern unserer Lehre in Beziehung hierauf vorgetragenen Grundsätze haben bestimmen lassen.

[3] Regelsberger 117, ähnlich Mommsen II, 137; Wolf 105.

[4] Karlowa 276; Kuntze, Inhaberp. I, 42[7].

[5] Regelsberger 197. — Dankenswert ist die von Karlowa 277 a. E. gegebene Anregung.

§ 3. Litteratur.

Die Lehre von der Auslobung ist zuerst im Jahre 1817 von G. Ph. von Bülow selbständig bearbeitet worden. Auf seinen Darlegungen fußend, beginnen einzelne Pandektenlehrbücher in einem oder in mehreren Sätzen diesen Gegenstand zu berühren. Aber erst vier Jahrzehnte später wird unsere Lehre neubearbeitet. Zwar ist Hermann, welcher der promissio incertae personae propter futuram praestationem facta den vierten Abschnitt seiner dissertatio de pollicitationibus 1857 widmet, vollständig von Bülow abhängig; aber schon Völderndorffs wenig beachteter Aufsatz in Seufferts Blättern für Rechtsanwendung 1860 beschäftigt sich zum Teil eingehend mit verschiedenen, bis dahin nicht erörterten Einzelfragen unseres Rechtsinstituts.

Zwei weitere Arbeiten stammen aus dem Jahre 1861. Ihering kommt in seinen und Gerbers Jahrbüchern bei Gelegenheit der Entwickelung seiner Theorie von der culpa in contrahendo auf die Auslobung zu sprechen, während Schütze durch einen Rechtsfall, dessen Entscheidungsgründe er zu entwerfen hatte, veranlaßt worden ist, sich mit der Auslobung näher zu beschäftigen. Seine Arbeit ist erst 1862 in dem von Bekker und Muther herausgegebenen Jahrbuche des gemeinen Rechts zum Abdruck gekommen.[1]

1864 hat Kuntze in seiner Neuausgabe von Holzschuhers „Theorie und Kasuistik des gemeinen Civilrechts“ zuerst mit ausführlicher Begründung den Satz verteidigt, daß die Auslobung nicht als ein Vertragsanerbieten, sondern als ein einseitiges Versprechen aufzufassen sei.

Die folgenden Jahre erzeugen eine reiche Litteratur über unsere Frage. Insbesondere den Jahren 1868 und 1869 verdanken wir mehrere eingehende Arbeiten, so die Regelsbergers[2] aus dem Jahre 1868, welche sich als ein Anhang zu dessen umfassender Untersuchung über Vorverhandlungen bei Verträgen darstellt, und aus dem Jahre 1879 die Wolfs, Exners, Gruchots, Vangerows und Tschirners. Die Arbeit Wolfs bildet den Schluß einer ausführlichen Dissertation desselben über die „Perfektion der Verträge“. Exners Abhandlung, eine in der Kritischen Vierteljahresschrift für Gesetzgebung und Rechtswissenschaft von Pözl-Windscheid er-

---

[1] Siehe die Bemerkung der Redaktion am Schlusse seines Aufsatzes. Schütze 73.

[2] Von Besprechungen sind für uns die Windscheids in d. Krit. Viertelj. Schr. X, 156 f. und Goldschmidts in s. Zeitschr. f. d. ges. Handelsr. XIII, 339 wertvoll.

schienene Kritik der Schriften von Kuntze, Regelsberger und der Ausführungen Vangerows[1] in dessen 7. Auflage der Pandekten, ist mit der Tendenz verfaßt, durch „eine orientierende Übersicht der neueren Litteratur und kritische Beleuchtung der praktisch erheblichsten Fragen dieser Materie dem Praktiker seine Arbeit zu erleichtern".

Gruchot benutzt anläßlich einer Kommentierung der Paragraphen des Preuß. Landrechts über die Prämie die Gelegenheit, eine Zusammenstellung der verschiedenen Streitfragen der Lehre von der Auslobung unter Hinzufügung seiner eigenen Meinung zu geben.

Tschirners Dissertation: „De indole ac natura promissionis popularis ‚Auslobung' quam vocant" zeugt von einer erstaunlichen Belesenheit des Verfassers. Wenn ich auch mit dem zweiten Teile seiner Ausführungen mich nicht einverstanden erklären kann, so schließe ich mich doch in Bezug auf seine dogmengeschichtlichen Ausführungen der Ansicht Windscheids[2] völlig an.

Aus dem Jahre 1873 stammen die Erörterungen Siegels und Schotts. Siegel bespricht unseren Gegenstand in seiner Schrift: „Das Versprechen als Verpflichtungsgrund im heutigen Recht". Dieser Aufsehen erregenden Arbeit ist eine große Zahl Kritiken gefolgt, welche sich zum Teil eingehend mit der Auslobung befassen.[3] Unter ihnen ist namentlich die Schrift Hofmanns: „Die Entstehungsgründe der Obligationen, insbesondere der Vertrag mit Rücksicht auf Siegels „Das Versprechen als Verpflichtungsgrund" aus dem Jahre 1874 zu nennen.

Schott wird in seinem Buche: „Der obligatorische Vertrag unter Abwesenden", darauf geführt, der Auslobung seine Aufmerksamkeit zuzuwenden.

Endlich ist noch als neueste Bearbeitung unserer Lehre die ausgezeichnete Darstellung Hasenöhrls im zweiten Bande seines „Östreichischen Obligationenrechts", 1886 zu erwähnen. Hasenöhrl

[1] Die früheren Auflagen seines Lehrbuches enthalten nichts über die Auslobung.

[2] Windscheid II, 161 x urteilt über Tschirners Arbeit kurz, aber treffend: „Gut, namentlich wertvoll durch dogmengeschichtliche Nachweisungen."

[3] Von Besprechungen, welche die Auslobung besonders berücksichtigen, mögen genannt sein: Die in der Krit. Viertelj. Schr. XVII, 112 (v. S.); in Grünhuts Zeitschr. f. d. Privatr. u. d. öff. Recht d. Gegenwart I, 369 (Unger); in Behrend-Dahns Z. f. d. deutsche Gesetzgebung und f. einheitl. deutsches Recht VIII, 184 (Gareis), 191, 306 (Behrend); im Archiv für deutsches Wechselr. u. Handelsr. VI, 274 (Siebenhaar); in Goldschmidts Zeitschr. f. d. ges. Handelsr. XX, 297 (Pernice).

berücksichtigt nicht nur das östreichische, sondern auch reichlich das gemeine Recht und giebt ein vollständigeres Litteraturverzeichnis als alle seine Vorgänger.

Jetzt gewährt auch die Mehrzahl der Lehrbücher des gemeinen Rechts und der Partikularrechte unserem Gegenstande einen breiteren Raum.

---

§ 4. Der Begriff.

Auslobung ist das im Wege öffentlicher Bekanntmachung abgegebene Versprechen einer Leistung an denjenigen aus dem Volke oder einem Kreise desselben, welcher eine gewisse andere Leistung vollbringen werde.[1]

Von dieser Begriffsbestimmung gehen wir aus, um die einzelnen, nicht erheblichen Meinungsverschiedenheiten der Schriftsteller in Bezug auf dieselbe zu besprechen; denn in der Hauptsache herrscht über den Begriff der Auslobung eine Übereinstimmung, wie wir sie fast in keinem anderen Punkte unserer Lehre wiederfinden.

Im wesentlichen besteht nur über den Teil unseres Begriffes Streit, welchem ich die Fassung gegeben habe: „an denjenigen aus dem Volke oder einem Kreise desselben", also darüber, wem das Versprechen gemacht wird. Von anderen wird in gleichem Sinne von einer „unbestimmten",[2] „noch nicht bestimmten",[3] „individuell nicht

---

[1] Über die Abgrenzung der Auslobung von anderen Rechtsgebilden: Ihering in s. Jahrb. IV, 95—97, Seuffert Pa. 65, Kuntze zu Holzsch. III, 297—298, Regelsberger 203, Behaghel 6, Windscheid II, § 308, Nr. 3, S. 167; Hasenöhrl II, 5 f.; Schütze 41—45; Vangerow III, § 603, Nr. 7; E. Mot. Bay. 230; E. Mot. II, 520; Zach. v. Lingenthal II, 425[2]; Völderndorff XXV, 177; Wolf 101; Eccius I, 411; H.G.B. Art. 337. Ich kann daher auch den Bemerkungen Hasenöhrls II, 5[3], 7[14], 16[50] die Frage betr., was gilt, wenn die Auslobung ein Handelsgeschäft ist, nicht zustimmen. In diesem Falle ist meines Erachtens in Gemäßheit von Art. 1 des H.G.B., soweit nicht die allgemeinen Vorschriften über Handelsgeschäfte eingreifen, das bürgerliche Recht zur Anwendung zu bringen. Siehe noch Hauser XII, 41[10], 72.

[2] Ihering i. s. Jahrb. IV, 94, VII, 17, 173; Geist III, 245; Pagenstecher 385; Wengler-Brachmann I, 312; Z. f. Rechtspfl. und Verwaltung XXXI, 381; Bruns in Holtzend. 505; Rivier I, 203; Windscheid II, 161; Sintenis Civilrecht 277; Windscheid in d. Krit. Viert. Schr. X, 156; Köppen 363; Mühlenbruch, Doctr. II, 260; Pand. II, 275; Hesse 220; Curtius III, 267; Schütze 41, 53; Kuntze zu Holtzsch. III, 297; Vangerow III, § 603, Nr. 2; Schmidt I, 376; Affolter 36; Wendt 588; Arndts 481; Behaghel 6; Hasenöhrl II, 8; Eisele XXV, 21; Puchelt in s. Ztschr. I, 155; Wolf 101; Schilling I, 180; Unger I, 370; Müller 293; Savigny II, 90; Hermann 65; Regelsberger 203; S. Bürgerl. Gesetzb. § 771; Gierke XIII, 220. [3] Engelmann 266.

bestimmten",[1] „ungewissen",[2] „unbekannten",[3] Person, von „jedermann",[4] „wem immer",[5] von „dem Publikum",[6] von „quilibet ex populo",[7] oder davon geredet, daß „ohne Bestimmung einer Person"[8] versprochen werde.

Die Schriftsteller enthalten sich meist einer Begründung ihrer Ansicht, und dies möchte nicht ungerechtfertigt sein, da sie mit ihren Ausdrücken nicht mißverstanden werden können.

In neuerer Zeit hat aber Tschirner auch diesen Punkt unserer Lehre in den Streit gezogen. Anlaß war ihm die erwähnte Ansicht Savignys, daß die Auslobung im heutigen gemeinen Recht der Klagbarkeit entbehre, weil ein Vertrag mit einer unbestimmten Person vorliege. Er sucht diese Meinung auch dadurch zu widerlegen, daß er sich zu dem Nachweis erbietet, daß bei der Auslobung in keinem Augenblicke unbestimmte Personen vorkommen. Zu diesem Behufe geht Tschirner vom Begriff der incerta persona aus, den er dahin feststellt: eine unbestimmte Person sei eine in Bezug auf ihre Individualität zur Zeit der Entstehung einer Obligation objektiv unbestimmbare Person.[9] Hieraus wird dann gefolgert, daß es eine unbestimmte Person im engeren Sinne überhaupt nicht gäbe, da etwas, über dessen Wesen Bestimmtes nicht gesagt werden könne, nicht existiere, mithin das Versprechen an eine unbestimmte Person an niemand gerichtet — nur ein Selbstgespräch — und daher ohne jede Bedeutung sei.

Tschirner meint weiter, daß der bestrittenen Ansicht Savignys zugestimmt werden müßte, wenn man die Auslobung als Versprechen an eine unbestimmte Person aufzufassen habe. Daß dies aber nicht der Fall sei, ergiebt sich ihm schon aus dem Zweck der Auslobung:[10] Stelle sie sich doch als eine Art dar, aus der menschlichen Gesellschaft Nutzen zu ziehen! Der Versprechende nehme, an alle Menschen sich wendend, gegen eine bestimmte Entschädigung die Hilfe aller in Anspruch, gleich als ob er alle bewegen könnte, seinem Zwecke dienstbar zu werden und den erwünschten Erfolg herbeizuführen. Jeder beliebige propositarius

---

[1] Gad III, 183; Bekker II, 256.
[2] Bülow 271; Puchta 394; E. Hess. 198; E. Mot. Hess. 108.
[3] Förster I, 438; Koch, Allg. Landr. I, 979; Recht d. Ford. II, 484; Schweppe 324; v. Wening-Ingenheim 128; Esmarch 79; Savigny II, 90.
[4] Koch, Allg. Landr. I, 980[84]; R. d. Ford. II, 484; E. Mot. Bay. 230.
[5] Kirchstetter 433; Böcking I, 378.
[6] Brinz II, 1, 556; Goldschmidt XIII, 339.
[7] Regelsberger 201; Bruns zu Holtzend. 505; Rivier I, 203.
[8] E. Sächs. B.G.B. 1852, § 672. [9] Tschirner 75.
[10] Tschirner 88.

bedeute aber eine bestimmte Person, und nur die Person dessen, der aus der Zahl dieser propositarii nach Erfüllung der Bedingung als creditor des Auslobenden hervorgehen wird, sei zu dem Zeitpunkte noch, wo der Auslobende verspricht, eine unbestimmte Person. Diese Unbestimmtheit sei aber mera res facti.

Dieser Tschirnerschen Auffassung im Resultat nahe steht auch die von Sohm[1] vertretene. Letzterer führt in seinem Aufsatz: „Der Vertragsschluß unter Abwesenden und mit einer incerta persona“ aus, daß die Vertragsofferte ad incertam personam sich nicht als Vertragsofferte an das Publikum darstellt, sondern vielmehr als eine Offerte an einen einzigen, nämlich an denjenigen, welcher annehmen wird.

Meiner Meinung nach ist zunächst darauf hinzuweisen, daß die Mehrzahl der von den Schriftstellern gebrauchten Ausdrücke auf die Bezeichnung „unbestimmte Person“ hinausläuft.[2] Zu erörtern bleibt demnach nur, ob der von Tschirner bevorzugte Begriff der Auslobung sich von den Begriffsbestimmungen, welche von einem Versprechen an eine incerta persona reden, unterscheidet und zum Ausdruck bringt, daß es sich bei der Auslobung nicht um eine incerta, sondern um eine certa persona handelt. Interessant ist in dieser Beziehung, daß mehrere Schriftsteller beide Ausdrücke in ihre Definition aufnehmen und damit zu erkennen geben, daß sie einen Unterschied zwischen ihnen nicht zu finden vermögen. So definiert Sintenis[3] die Auslobung als „das Versprechen einer Gegenleistung, meist einer Belohnung, an eine unbestimmte Person, also eine veröffentlichte Zusage an jedermann unter der Bedingung einer vorangehenden Leistung“.

Und in der That scheint mir diese Auffassung die richtige zu sein. Tschirners Darlegung, welche übrigens von erheblichen Widersprüchen im einzelnen nicht frei ist, kann auch in ihrem Schlußergebnis meine Ansicht nicht erschüttern. Was zunächst den Begriff der incerta persona betrifft, so wird derselbe in sehr verschiedenem Sinne gebraucht.[4] Zwischen einer bestimmten Person und den Personen, welchen das Auslobungsversprechen gemacht wird, besteht unzweifelhaft ein wesentlicher Unterschied: dort eine in ihrer Individualität uns deutlich gegenübertretende Person, hier jeder beliebige. Nehmen wir folgende Beispiele: ich gebe Dir 100 ℳ,

---

[1] Sohm XVII, 47, 88.

[2] Es bedarf keiner Erwähnung, daß die „unbekannte“ Person von der „unbestimmten“ unterschieden werden muß. Tschirner 73.

[3] Sintenis, Civilrecht 277; Regelsberger 203.

[4] Schütze 63[43].

wenn Du mir meinen Hund zurückbringst, und ich gebe demjenigen 100 *M*, welcher mir meinen Hund zurückbringt. In jenem Falle weiß ich von Anfang an, wer die versprochene Summe erhält; ungewiß ist nur, ob sie ausgezahlt werden muß; in diesem weiß ich weder, wer die Summe empfangen wird, noch ob sie überhaupt jemand erhält.[1] Diese Ungewißheit wird auch dadurch nicht gehoben, daß der Auslobende den Preisempfänger in gewisser Richtung durch ein Merkmal oder durch mehrere näher bezeichnet,[2] oder wie es Windscheid[3] noch deutlicher ausdrückt, zu Gunsten desjenigen verspricht, „in dessen Person irgend ein Umstand sich als zutreffend erweisen wird". Die Behauptung Tschirners aber, daß die Unbestimmtheit der Person, die er zum Zeitpunkte der Auslobung als vorhanden zugiebt, eine mera res facti sei, scheint mir nicht richtig. Im Gegenteil liegt gerade darin das Wesen der Auslobung. Jene Unbestimmtheit ist also eine rechtlich wesentliche. Ich kann daher nicht finden, daß Tschirner in diesem Punkte unsere Lehre gefördert hat. Ja mir scheint, daß er zu demselben Resultate kommt, wie die, welche davon sprechen, daß einer unbestimmten Person die Zusage gemacht wird.

Auch der Meinung Sohms vermag ich nicht beizustimmen, weil sie dem Willen des Auslobenden nicht gerecht wird. Da dieselbe mit der Konstruktion der Auslobung als Vertragsanerbieten aufs engste zusammenhängt, will ich hier auf sie nicht näher eingehen.

Einzelne Schriftsteller nehmen übrigens die fraglichen Worte überhaupt nicht in die Definition auf.[4] Umgekehrt hat Schütze[5] die Ansicht ausgesprochen, es sei aus dem Umstande, daß die Auslobung an alle Menschen oder an einen Kreis von solchen gerichtet ist, zu entnehmen, daß dieselbe stets öffentlich zu erfolgen habe, mithin das Begriffsmerkmal der „Öffentlichkeit" der Auslobung in der Definition fehlen könne. Man wird jedoch einwenden, daß es Fälle giebt, in welchen jemand demjenigen aus einem Kreise von Personen etwas verspricht, welcher in gewisser Weise thätig werden wird, ohne daß dieses Versprechen im Wege öffentlicher Bekanntmachung abgegeben worden ist.[6]

---

[1] Schloßmann 65. [2] Windscheid II, 161.
[3] Windscheid, 1. Aufl. II. 1. Abtlg., § 309; 1a. S. 165.
[4] So Dernburg Pa. II, 23; E. Francke Art. 681; Siegel 491; Stobbe III, 101; Seuffert Pa. 64; Hasenöhrl II, 5; Wächter II, 360; Cosack 1010; Kirchstetter 433; Unterholzner I, 53; Windscheid II, 161; E. Bay. 753. [5] Schütze 53.
[6] Kuntze zu Holzsch. III, 297; Gengler 437.

Endlich wird von verschiedenen Gelehrten als wesentlicher Bestandteil unseres Begriffes noch bezeichnet, daß der Auslobende ein Interesse an der Leistung hat, welche der andere Teil auf seine Anregung ausführen soll.

Ich führe diese Ansicht hier nur kurz mit an und behalte mir ein näheres Eingehen auf dieselbe bei Gelegenheit der Erörterungen der Voraussetzungen und Erfordernisse der Auslobung vor.[1]

Soviel über den Begriff der Auslobung nach gemeinem Recht.

Das sächsische Recht stimmt mit ihm überein; denn § 771 S. B.G.B. erklärt nach erfolgter Leistung für rechtsverbindlich „öffentlich bekanntgemachte einseitige Versprechen eines Preises oder einer Belohnung an eine unbestimmte Person für den Fall einer gewissen Leistung". Im Entwurf von 1852 hatte der entsprechende § 672 eine andere Fassung. Die späteren Entwürfe enthalten indes wesentlich den Wortlaut des Gesetzbuchs, und auch die Kommissionsberatungen haben an demselben nichts geändert. Den § 771 so allgemein zu fassen, hat der Gesetzgeber mit Rücksicht auf die Unfertigkeit unserer Lehre für ratsam erachtet.[2] Mit Recht ist jedoch im Entwurf eines B.G.B. f. d. Deutsche Reich, im Interesse von Theorie und Praxis, eine eingehendere Regelung unserer Materie erfolgt.[3] [4]

Das preußische Landrecht definiert die Auslobung im § 988, Titel 11 des ersten Teiles folgendermaßen:

„Auf nützliche Geistesarbeiten oder gemeinnützige Fähigkeiten oder Unternehmungen öffentliche Belohnungen auszusetzen, ist jedem erlaubt."[5] Dieser Paragraph ist besonders bezüglich seiner Fassung vielfach zum Gegenstand des Angriffs gemacht worden. Koch,[6] welcher hervorhebt, daß der Wortlaut desselben „Produkt, Fähigkeit zu leisten und den Versuch zu produzieren, als gleichartige Dinge und mögliche Gegenstände des Rechtsgeschäfts nebeneinander gestellt", will für „Fähigkeiten" „Fertigkeiten" setzen, indem er unter

---

[1] Siegel 91[2] bemerkt ausdrücklich, daß für ihn eine Veranlassung, auf die streitige Frage, wie weit der Begriff der Auslobung reiche, einzugehen, nicht vorhanden sei.

[2] Sintenis, Anleitung 216.

[3] Heim 70; außerdem die Zusammenstellungen der Äußerungen der Bundesregierungen II, 72; sowie der gutachtl. Äußerungen. Bd. II, 326—327, VI, 466.

[4] Die Abänderungen, welche die erste Lesung durch die zweite erfahren hat, sind zusammengestellt von Grützmann im Sächs. Archiv. Bd. III, S. 685 f.

[5] Ihering i. s. Jahrb. IV, 50, VII, 17; Holzschuher III, 301; v. Werdermann I, 159; Förster I, 438; Karlowa 276; Savigny II, 90; Gad III, 183; Gruchot XIII, 715; Eccius I, 411.

[6] Koch, R. d. Ford. III, 837[1]; Allg. Landr. I, 980[82]; Gruchot XIII, 715.

Fähigkeiten die Naturgaben versteht, durch welche man eine gewisse Thätigkeit zu erlernen vermöge. Sodann bezeichnet er auch die Fassung „öffentliche“ Belohnungen als „unlogisch und ungrammatisch“.[1] Er meint, unter Zustimmung von Eccius und Förster, es liege hier ein Redaktionsfehler vor; denn öffentliche Belohnungen könnten nicht von Privatpersonen gewährt werden; man habe sagen wollen „öffentlich Belohnungen auszusetzen“.

Endlich wird noch der Ausdruck „erlaubt“ angefochten. Savigny[2] sagt: „Auch ohne dieses Gesetz würde es sich wohl von selbst verstehen, daß eine solche Handlnng eine erlaubte, d. h. nicht verbotene sein würde. Aber gemeint ist mit diesem ungenauen Ausdruck etwas ganz anderes, nämlich daß der Aussetzende auf die Zahlung der Belohnung verklagt werden könne.“ Tschirner[3] weist zur Erklärung dieser Erscheinung darauf hin, daß die Verfasser des Gesetzbuches, als Anhänger des alten Regime, das Recht, Belohnungen für öffentliche Leistungen auszusetzen, allein für die Fürsten in Anspruch nahmen.

Es kann nicht zweifelhaft sein, daß der Wortlaut des Gesetzes der Geltung der Auslobung engere Grenzen setzt, als derselben nach gemeinem und sächsischem Rechte zukommen. Jedoch hat die Praxis die vorhandenen gesetzlichen Bestimmungen analog[4] auf die übrigen Fälle der Auslobung angewendet, so daß der im vorstehenden für das gemeine und sächsische Recht entwickelte Begriff gegenwärtig auch der Praxis des preußischen Rechts entsprechen dürfte. Ich will in dieser Beziehung noch anführen, daß das Urteil des Reichsgerichts vom 26. September 1883[5] ausspricht, daß „der § 988 durch eine in der Rechtsprechung feststehende, erweiternde Auslegung über die darin bezeichneten Fälle hinaus auf die öffentliche Aussetzung einer Belohnung für Wiederherbeischaffung verlorener oder entwendeter Sachen, Ermittelung oder Ergreifung von Verbrechern und ähnliche Auslobungen ausgedehnt worden ist“,[6] und weiter daran erinnern, daß diese Auffassung schon in dem nicht

[1] Koch, Allg. Landr. I, 980[83]; R. d. Ford. III, 837[1]; Eccius I, 411; Förster I, 438; Tschirner 66; Gruchot XIII, 715[4].

[2] Savigny II, 90; Koch, Allg. Landr. I, 980[85].

[3] Tschirner 65.

[4] Rehbein-Reincke I, 609[478]; Engelmann 267; Koch, Allg. Landr. I, 980[87]; Förster I, 438; Rönne I, 936; Bielitz II, 729; Völderndorff XXV, 186[8]; E. Mot. II, 519. Ob Karlowa 276 und Regelsberger 200 derselben Ansicht sind, ist mindestens zweifelhaft.

[5] E. des R.G. XI, 281—284.

[6] Inwieweit sich diese Fälle von den im § 988 gedachten sonst unterscheiden, siehe Bielitz II, 729; Bornemann III, 350; Koch, Allg. Landr. I, 980[87] und die oben citierte Reichsgerichtsentscheidung.

Gesetz gewordenen Entwurfe des preußischen Landrechtes vom Jahre 1831 hervorgetreten ist. § 687 jenes Entwurfes fügt ausdrücklich die Aussetzung einer öffentlichen Belohnung auf die Ermittelung einer verlorenen oder gestohlenen Sache oder auf irgend eine andere nützliche Entdeckung den im Gesetz bereits fixierten Auslobungsfällen hinzu.

§ 5. Die Einteilung der Auslobung.

Es sind mehrfach Versuche gemacht worden, die einzelnen Fälle der Auslobung unter verschiedenen Gesichtspunkten zusammenzustellen, und so eine Einteilung der Auslobungsfälle zu erhalten.

Ich nenne zuerst Schütze,[1] welcher Auslobungen für Herstellung eines Resultates durch Dienstleistung und solche für einen Komplex von einzelnen Dienstleistungen unterscheidet, und die erste Gruppe willkürlich wieder in vier Unterabteilungen trennt. Dieser Einteilung kann irgend welcher Wert nicht beigemessen werden.[2]

Kuntze[3] unterscheidet in der Hauptsache drei Klassen öffentlicher Zusagen an eine unbestimmte Anzahl von Personen, nämlich:

1. Auslobungen im engeren und eigentlichen Sinne;
2. Preisausschreibungen;
3. Angelöbnisse eines Wertes für den Fall erwiesener Unwahrheit eines öffentlichen dictum und promissum.

Unter die erste Art der öffentlichen Zusagen rechnet Kuntze alle die, bei denen der Zusagende ein spezielles Interesse an der Erfüllung der bezeichneten Leistung hat, während in den beiden anderen Fällen ein solches Interesse nicht vorhanden sei.

Diese Einteilung wird von Tschirner[4] angegriffen, weil sie nicht alle Auslobungen umfasse. So behauptet er: keiner der drei Gattungen ließen sich Versprechungen bei Pferderennen einreihen, da weder ein Nutzen für den Auslobenden bei ihnen vorliege, noch sie zu den Preisausschreibungen gerechnet werden könnten, während ja die dritte Klasse hier von selbst ausgeschlossen sei. Meines Erachtens läßt sich dieser Fall sehr wohl unter eine jener Gruppen bringen; denn es kann zunächst nicht ohne weiteres zugegeben werden, daß der Auslobende von dem Pferderennen einen Nutzen

[1] Schütze 71.

[2] Die von Hofmann 40, 43 aufgestellten Unterscheidungen haben einen anderen Zweck als den, eine Einteilung der Auslobungsfälle zu geben.

[3] Kuntze zu Holzschuher III, 297. [4] Tschirner 132.

nicht zöge — es dürfte alles auf den konkreten Fall ankommen. Sollte aber wirklich einmal die erste Klasse der Kuntzeschen Einteilung nicht passen, so möchte sich immer noch die zweite zur Aufnahme geeignet erweisen. Weiter führt Tschirner folgendes Beispiel gegen Kuntze an: Mehrere Freunde der Ringkunst haben durch öffentlichen Anschlag demjenigen 100 Thaler versprochen, welcher einen bestimmten Athleten im Ringkampfe überwinden würde. Er meint, daß auch dieser Fall der Kuntzeschen Ordnung widerspreche, da es sich hier — denn eine andere als die zweite Klasse kommt nicht in Frage — nicht um Belohnung einer Ehre handle, wodurch die geistige Strebsamkeit angeregt werden solle. Mir scheint dieser Einwand leicht durch den Hinweis darauf widerlegt werden zu können, daß die Preisausschreibung sich nicht notwendig auf geistige Leistungen beziehen muß.

Sonach dürfte die Polemik Tschirners nicht zutreffend sein. Ubrigens hebt er nicht scharf genug hervor, daß Kuntze nicht die Auslobungen, sondern die öffentlichen Zusagen im allgemeinen einteilen will. Nach Kuntze gehören die unter 2. und 3. genannten öffentlichen Zusagen überhaupt nicht zu den Auslobungen.

Tschirner selbst spricht sich in unserer Frage dahin aus, daß eine genaue Einteilung überflüssig, ja gar nicht möglich sei. Doch kennt er Auslobungen, welche einen Wettkampf zum Ziele haben, so daß die Leistung irgend eine vorzügliche Eigenschaft aufweisen muß, und solche, bei denen es nur darauf ankommt, daß überhaupt geleistet werde.

Nach meinem Dafürhalten kann man die Auslobungen (im weiteren Sinne) in solche im engeren Sinne und in Preisbewerbungen einteilen. Der Unterschied liegt auf der Hand, soll aber später noch näher erörtert werden. Gesetzlich ist diese Scheidung bisher noch nicht anerkannt worden. Die Entwürfe der letzten Jahrzehnte, welche allerdings besondere Bestimmungen über die Preisbewerbungen enthalten, sind Entwürfe geblieben.

Der Entwurf eines Bürgerl. Gesetzbuchs für das Deutsche Reich hat ebenfalls wieder im § 584 der 1. Lesung und im § 592 der 2. Lesung eine Reihe besonderer Rechtssätze für Preisausschreiben aufgestellt und diese hierdurch von den übrigen Fällen der Auslobung geschieden.

Man könnte schließlich noch daran denken, die Auslobungen von einem anderen Gesichtspunkte aus in gesetzliche und private zu scheiden.[1] Gewiß sind auch die privaten insofern gesetzliche, als ihre rechtliche Anerkennung indirekt wieder auf den Bestim-

[1] Tschirner 36 scheint sich gegen diese Scheidung auszusprechen.

mungen des Gesetzes beruht. Andrerseits besteht zwischen den gesetzlichen und privaten doch der Unterschied, daß jene direkt in der Vorschrift des Gesetzes begründet sind, während diese der Willkür von Privatpersonen ihre Entstehung verdanken. Bezüglich der Auslegung beider ist es von Bedeutung, daß im ersten Falle der Wortlaut des Gesetzes, im letzteren im allgemeinen der Wille des Auslobenden den Inhalt der Auslobung bestimmt. Ich denke namentlich, um die erstgenannte Art von Auslobungen zu illustrieren, an dem Verwaltungsrecht der einzelnen Staaten[1] angehörige Fälle.

---

§ 6. Die Ansichten über die juristische Natur der Auslobung.

Über die juristische Natur der Auslobung herrscht die denkbarste Meinungsverschiedenheit. Zunächst soll daher hier eine vorläufige Übersicht über die verschiedenen Auffassungen gegeben werden.

Im allgemeinen sind zwei Hauptansichten zu nennen:

I. Die Vertragstheorie.

Die Anhänger derselben fassen die Auslobung entweder

a) als selbständigen Vertrag auf, ohne sich näher darüber auszusprechen, welcher Art derselbe sei: Thibaut I, 479; Valett I, 3, S. 5; oder als Innominatkontrakt nach der Formel do ut facias: Mühlenbruch II, 260; Roßhirt II, 363; Hermann 67;[2] Schenkung: Roßhirt II, 363; Steppes XXV, 182[5]; Werk- oder Dienstmiete bezw. Honorarvertrag: Steppes 182[5]; Völderndorff XXV, 181; als aleatorischen Vertrag: Chr. de Wolf II, § 675, S. 377; oder

b) als Vertragsanerbieten an eine incerta persona. Die Konstruktion, welche die Schriftsteller, die diese Ansicht teilen, der

[1] Für Sachsen findet sich eine umfassende Zusammenstellung derartiger Bestimmungen bei v. d. Mosel 470, s. v. Prämie; Funke II, 46[1]; für das diesrheinische Bayern bei Krais II, 40; für Östreich bei Stubenrauch, Verwaltungsgesetze I, 539—540; Kirchstetter 434[15]; Ulbricht II, 1, S. 91; für Preußen bei Dennstedt-v. Wolffsburg III, 773—782, IV, 794—798; Illing I, 861.

[2] Siegel 91[x] zitiert noch Mittermaier, Grds. II, § 272 a. E. Ich habe dort nichts hierher Gehöriges gefunden.

Auslobung geben, ist folgende: Der Auslobende fordert dadurch, daß er öffentlich eine Belohnung demjenigen verspricht, welcher eine gewisse Gegenleistung erbringen wird, alle Menschen, bezw. einen Kreis von Personen auf, dieses Versprechen anzunehmen, und so einen Vertrag mit ihm abzuschließen.

Diesen Standpunkt vertreten nach gemeinem Recht:

Schilling I, 180; Savigny II, 90; Holzschuher III, 296; Vangerow III, § 603, Nr. 2; Schweppe 324; Rivier I, 203; Bucher I, 33; Schott 140; Hauser XII, 41; Sohm XVII, 47, 78; Goldschmidt XIII, 339; Unterholzner I, 53; Wächter II, 360; Bruns in Holtzend. 505; Bülow 272; Tschirner 87, 101; Windscheid II, 161; Regelsberger 201; Ihering in s. Jahrb. IV, 93; VII, 173, 380; Exner 344; Erk. des O.A.G. Lübeck von 1840 und 1852 in Seufferts Archiv XI und IX; Böcking I, 378; Köppen 363; Eisele XXV, 21; Giercke XIII, 219; Leonhard 127; Baron, Abh. 96[127]; Windscheid in d. Krit. Vierteljahresschrift X, 156; Erk. von München von 1855 in den Bl. für R.A. XXII, 11; Pernice XX, 297; Schütze 52f.; wohl auch Bekker II, 356;[1]

nach sächsischem Recht: Schmidt I, 376; E. Mot. Sachsen 1861, 757; E. Mot. II, 518;

nach preußischem Recht: Behrend 190; Gad, III, 183; Förster I, 438; Engelmann 266; Kindervater VII, 18; Koch, R. d. Ford. III, 837;

nach badischem Recht: Behaghel 6.

Der Vertrag selbst, welcher auf Grund des Anerbietens zum Abschuß gelangen soll, wird entweder als einseitiger, so von Schott, 140, 141, und insbesondere als bedingt-einseitiger aufgefaßt, so von Bülow 275; Tschirner 101; Ihering in s. Jahrb. IV, 97; Holzschuher III, 296; Erk. d. O.A.G. Lübeck von 1852 in Seufferts Arch. IX, oder aber als gegenseitiger und im einzelnen wieder als eigentümlicher, so von Windscheid II, 161 oder nach Analogie der locatio conductio operis bezw. operarum, so von Förster I, 439; Eisele XXV, 21; Schütze 66; des Mandats, so von Koch, R. d. Ford. II, 484; des Innominatkontraktes, so von Unterholzner I, 53; Förster, I, 438; Regelsberger 204; Bucher I, 33; Vangerow III, § 603, Nr. 2; Bülow 274; Kohler in den Annalen XXXXI, 253.

---

[1] Schloßmann 64 scheint sich gegen die Vertragstheorie auszusprechen. Stobbe III, 103[12]. Indes verdient seine Art der Behandlung der Sache die Zurückweisung, welche ihm Hasenöhrl II, 8[17] zu teil werden läßt. Dieser Schriftsteller glaubt übrigens, Schloßmann sei Anhänger der Vertragstheorie.

II. Die Theorie des einseitigen Rechtsgeschäfts.

Die Vertreter dieser Auffassung halten die Auslobung

a) für ein einseitiges, als solches verbindliches Versprechen, welches einer Annahme seitens eines anderen zu seiner Gültigkeit nicht bedarf,

so nach gemeinem Recht: Beseler I, 477[5]; Behrend in Holtzend. 597; Gengler 437; Stobbe III, 102; Hasenöhrl II, 10; Dernburg, Pa. II, 23; Affolter 36[1]; Dabelow 140; Siegel 91; Unger I, 370 — hierzu Hofm. 39 —; Hofmann 45; Karlowa 274; Einert 91; Erk. des O.A.G. Kiel v. 1855 in Seufferts Archiv XI, wohl auch Gerber 263[2];

nach sächsischem Recht: Grützmann II, 54; Siebenhaar 491; das Erk. in d. Ztschr. f. Rechtspfl. u. Verw. XXXI, 381, mit ihm Wengler-Brachmann I, 312;

nach preußischem Recht: Dernburg, Preuß. Privatr. II, 23; Eccius I, 411, 448; Heydemann 74; Gruchot XIII, 709;

nach östreichischem Recht: Hasenöhrl II, 10; Kirchstetter 434.

b) Einzelne Schriftsteller stellen die Auslobung im besonderen zu den Pollizitationen[1] des gemeinen Rechts, so Puchta 394; Müller 293[1c]; Esmarch 79; Brinz II, 1, S. 143, 556; Baron, Pa. 351; Wendt 588; Arndts 481; Sintenis, Civilrecht 277; Hesse 220; Wolf 106; Kuntze zu Holzschuher III, 299; E. Mot. II, 519. Wenn Bülow 272 davon spricht, daß bei der Auslobung ursprünglich eine bloße pollicitatio vorhanden sei, so braucht er diesen Ausdruck, wie Völderndorff XXV, 180[4] richtig erkannt, in anderem Sinne, als die genannten Rechtslehrer.

---

§ 7. **Kritik der Vertragstheorie.**

Um ein sicheres Urteil darüber zu erhalten, welche dieser Ansichten als die richtige anzusehen ist, mögen zunächst nochmals kurz die Gesichtspunkte zusammengestellt werden, welche die Grundlage der Entscheidung bilden.

---

[1] Keller citiert in seinen Pandekten 1861 die Auslobung im Wort- und Sachregister und verweist auf Seite 455. Dort behandelt er die Pollizitation und das Gelübde, ohne die Auslobung zu erwähnen.

Es dürfte erwiesen sein, daß die Auslobung ihre rechtliche Anerkennung durch Gewohnheitsrecht in Form des Juristenrechts erlangt hat. Hiervon ist die Frage nach der juristischen Natur der Auslobung zu trennen. Herrschte allerdings in dieser Beziehung bei den Bearbeitern der Lehre Übereinstimmung, so wäre sie entschieden; denn dann müßte der Auslobung die rechtliche Natur beigelegt werden, welche ihr infolge der gewohnheitsrechtlichen Bildung zukommt.

Die Rechtssätze aber, welche im einzelnen auf die Auslobung zur Anwendung zu bringen wären, würden sich als die Folgen der festgestellten Rechtsnatur der Auslobung von selbst ergeben.

Hier liegt aber der Fall anders. Bei der Mannigfaltigkeit der Ansichten, welche sich über die juristische Natur der Auslobung im allgemeinen und über einzelne Punkte innerhalb einer und derselben Ansicht herausgebildet haben, wird sich kaum für eine der Beweis erbringen lassen, daß dieselbe als durch Gewohnheitsrecht geltende angesehen werden könnte.[1]

Die einzelnen Rechtssätze müssen also aus der wirtschaftlichen Natur der Auslobung entwickelt werden, und zwar können nur solche Anspruch auf allgemeine Anerkennung erheben, welche das Interesse des Auslobenden und der von seinem Versprechen in Mitleidenschaft Gezogenen am besten wahrzunehmen geeignet sind und am meisten der Billigkeit entsprechen.[2]

Was zunächst die Vertragstheorie, und vorerst die Auffassung, welche die Auslobung schlechthin zu den Verträgen rechnet, anlangt, so ist die letztere besonders von den älteren Schriftstellern unserer Lehre vorgetragen und als etwas ganz Unzweifelhaftes und Selbstverständliches ohne jede Begründung gelassen worden. Jetzt ist dieselbe gänzlich verlassen. Und in der That widerspricht sie vollständig dem Begriff und Wesen des Vertrages, als eines durch die Willenseinigung zweier oder mehrerer Personen zustande gekommenen Rechtsgeschäfts.[3] Mit Recht bemerkt Kuntze:[4] „Ein Vertrag mit einer incerta persona ist eine contradictio in adiecto.“[5]

---

[1] Windscheid II, 162[3] sagt: „Die acceptierte Auslobung wird in der Übung so sehr als rechtsverbindlich anerkannt, daß man hierfür füglich ein Gewohnheitsrecht annehmen kann.“ In der 1. Aufl., II, 1, S. 166[3] habe ich denselben Satz gefunden. Nur steht dort anstatt „die acceptierte Auslobung“ richtiger „das Geschäft“.

[2] Hasenöhrl II, 7. [3] Siehe auch Förster I, 438.

[4] Kuntze zu Holzschuher III, 298.

[5] Ebenso Sohm XVII, 48; Ihering, Geist III, 245; Savigny II, 88; Tschirner 97; Scheurl I, 206. Anderer Meinung scheint das in der Zeitschr. f. Rechtspfl. u. Verw. XXXI, 381 zum Teil abgedruckte Urteil d. O.A.G. Dresden aus dem Jahre 1867 zu sein. Dort heißt es: „Die äußerste Grenze für

3*

Dagegen ist ein Vertragsanerbieten in incertam personam[1] sehr wohl denkbar; und so erfreut sich auch die Ansicht, welche die Auslobung unter diese Gruppe stellt, der Zustimmung bedeutender Rechtslehrer.

Andererseits haben sich, besonders in den letzten Jahrzehnten, die Stimmen erheblich gemehrt, welche sie als der wahren Natur der Auslobung nicht entsprechend und zu „unbefriedigenden Ergebnissen“[2] führend, bezeichnet haben. Und allerdings bietet diese Theorie eine Reihe von Angriffspunkten dar. Um dieselben erkennen zu können, sollen nach einander die verschiedenen Anschauungen, welche innerhalb dieser Theorie wieder im allgemeinen und bezüglich einzelner Fragen bestehen, besprochen werden.

Die Vertreter dieser Ansicht gehen also davon aus, daß das Versprechen des Auslobenden eine Aufforderung an alle Menschen, bezw. an einen Kreis von Personen enthält, mit dem Auslobenden einen Vertrag abzuschließen, d. h. das Versprechen anzunehmen. Giebt man selbst zu, daß thatsächlich ein oder das andere Mal der Auslobende bei Abgabe des Versprechens die Absicht hat, mit demjenigen, welcher in der gewünschten Weise thätig werden wird, in ein Vertragsverhältnis zu treten, so kann dies jedoch in der Regel

---

einen Vertrag mit einer incerta persona ist bekanntlich die Auslobung,“ siehe auch Wengler-Brachmann I, 312. Dernburg, Prß. Privatr. II, 24 giebt zu, daß Verträge nach römischem Recht nur mit certae personae zustande kamen, behauptet aber, daß dies „für das heutige Recht keineswegs absolut erfordert“ würde. Dernburg Pa. II, 22.

[1] Die Frage, ob die Eingehung eines Rechtsgeschäftes mit einer incerta persona nach heutigem gemeinen Rechte schlechthin möglich oder nur für bestimmte Fälle gestattet sei, hat Anlaß zu einer litterarischen Fehde zwischen Ihering und Kindervater gegeben. Letzterer vertritt die zuerst erwähnte Ansicht, ersterer die entgegengesetzte. Daß diese Meinung für das römische Recht die richtige ist, wird auch von Kindervater nicht bestritten. — Dernburg, Prß. Privatr. II, 24; Sohm XVII, 56; Kindervater VII, 764; Ihering in s. Jahrb. IV, 93. — Derselbe behauptet aber ihre Gültigkeit für das heutige Recht auf Grund analoger Ausdehnung des für die Auslobung geltenden Grundsatzes. Hiergegen wendet Ihering in s. Jahrb. VII, 173 ein, daß „die Theorie nicht in der Lage sei, sich mit einem kühnen Saltomortale über die Thatsachen des Rechtslebens hinwegzusetzen.“ Siehe auch das Erk. des O.A.G. Kiel von 1855. Seinem hierbei ausgesprochenen Zweifel gegenüber, daß „die Praxis und Gesetzgebung jemals diesen Schritt thun würde, teils, weil gar kein Bedürfnis dazu besteht, teils weil er die Gefahr der größten Unbestimmheit und Unsicherheit in sich schließt,“ mag noch auf die Bemerkung Behrends in Holtzendorff 597 hingewiesen werden, welcher „eine derartige Ausdehnung für gewisse Fälle als im Einklang mit unseren Anschauungen“ stehend erachtet. Weiteres außerdem bei Bekker II, 356; Koch, Allg. Landr. I, 979; Kirchstetter 433; Behrend in s. Z. 191; Windscheid II, 162[3] und 164[11].

[2] Behrend in Holtzendorff 597.

ohne weiteres nicht angenommen werden.[1] Sehr richtig bemerkt Stobbe in dieser Beziehung: „Der Auslobende will gar nicht mit demjenigen, welcher die geforderte Leistung zu unternehmen beabsichtigt, einen Vertrag schließen; er will ihn sich nicht verpflichten, sondern will seinerseits leisten, wenn ein anderer dem Verlangen entsprochen hat.“[2]

Ist aber dem Auslobenden nicht der Wille, dem anderen den Abschluß eines Vertrages anzubieten, nachzuweisen, so dürfen auch nicht in Bezug auf ihn Grundsätze zur Anwendung gebracht werden, welche lediglich das Vorliegen des Willens, einen Vertrag einzugehen, zur Voraussetzung haben.

Von denen, an welche das Versprechen gerichtet ist, werden die einen dasselbe unberücksichtigt lassen, andere vielleicht die Erfüllung der bedungenen Leistung zu bewerkstelligen suchen. Welche Auffassung haben diese letzteren bezüglich des vom Auslobenden abgegebenen Versprechens? Fassen dieselben es in der That als Vertragsanerbieten, wie die besprochene Ansicht behauptet, auf? Auch hier wieder möchte diese Annahme nicht immer gerechtfertigt sein. Ja, mir scheint es in der Mehrzahl der Fälle nicht zweifelhaft, daß sie nicht daran denken, mit dem Auslobenden einen Vertrag zu schließen, und ich stimme Unger zu, wenn er sagt: „Jener, welcher die Leistung erbringt, fordert das Versprochene auf Grund der öffentlich gemachten Zusage, nicht auf Grund seiner Annahme derselben.“[3]

Aber worin wäre andernfalls diese Annahme, welche erforderlich ist, um das Vertragsanerbieten zu einem Vertrage zu vollenden, zu finden?

Eine Zusammenstellung der in Bezug auf diesen Punkt von von den Anhängern der Theorie vorgetragenen Anschauungen ergiebt folgendes:

Die Acceptation des Anerbietens geschieht:[4]

---

[1] Insofern mag Hauser XII, 41 nicht unrecht haben, wenn er sagt, daß „auch in einem öffentlichen Anerbieten unter Umständen ein Vertragsantrag liegen“ kann, „wenn nämlich der Vertragswille des Anerbietenden sich zweifellos ergiebt.“ Aber wie, wenn dies nicht der Fall ist? Soll dann etwa die Auslobung ungültig sein?

[2] Stobbe III, 103; Behrend in Holtzendorff 597.

[3] Unger I, 370; ebenso Siegel 107; dagegen Pernice XX, 297.

[4] Allgemein drückt sich das Erk. von Lübeck 1852 aus, welches die Obligation dann entstanden denkt, „wenn das in der Auslobung liegende suspensivbedingte Versprechen von irgend jemand ausdrücklich oder faktisch acceptiert wird.“ In dem in Frage stehenden Falle wurde die Acceptation darin gefunden, daß die Preisbewerber aufgetreten waren und rechtzeitig ihre Preisarbeiten eingesandt hatten.

1. schon durch ausdrückliche Willenserklärung vor Ausführung der zu erbringenden Leistung;[1]

2. durch Beginn der Ausführung der Leistung;[2]

3. nur durch Vollendung der Leistung;[3]

4. durch direkte Willenserklärung nach erbrachter Leistung;[4]

5. durch Übermittelung des Thätigkeitsresultates an den Auslobenden mit Rücksicht auf die Auslobung;[5]

6. durch „Thätigwerden in der vorgeschriebenen Weise oder durch ausdrückliche Erklärung auf Grund des Thätiggewordenseins“.[6]

Läßt schon diese Mannigfaltigkeit der Ansichten über den wesentlichsten Punkt der ganzen Theorie die Bedenklichkeit derselben nicht unschwer erkennen, so würde das Mißtrauen gegen sie noch erhöht, wenn im einzelnen die verschiedenen Auffassungen einer eingehenden Besprechung unterzogen würden. Da ich mich aber von der Richtigkeit der ganzen Theorie nicht zu überzeugen vermag, so kann es auch meine Aufgabe nicht sein, etwa festzustellen, welche von diesen Auffassungen vom Standpunkte der Vertragstheorie aus wohl die zutreffende sein dürfte, zumal jeder der einzelnen Ansichten, wie erwähnt, der Mangel anhaftet, daß sie dem Willen und der Absicht der Parteien zu wenig Rechnung trägt. Nur mag es gestattet sein, einiges anzuführen, was in der Litteratur für und gegen die verschiedenen Meinungen vorgebracht worden ist und zugleich den obigen allgemeinen und nach meinem Dafürhalten durchschlagenden Vorwurf weiter zu begründen geeignet erscheint.

Wenn man zunächst behauptet hat, daß bereits vor erbrachter Leistung, lediglich durch ausdrückliche Erklärung des Willens, in der vom Auslobenden geforderten Weise thätig zu werden, die Annahme geschieht, so wird mit Recht hiergegen eingewendet, daß der Auslobende „eine Belohnung für eine künftige, wirkliche Leistung von anderer Seite verspricht, nicht gegen ein Versprechen dieser Leistung“.[7]

---

[1] Bülow 280; Tschirner 115 f.

[2] Unterholzner I, 53; Erk. München in Seufferts Bl. f. R.A. XXII, 12; für diejenigen Fälle der Auslobung, in denen „der Auslober eine gewisse Summe von Diensten verlangt und für deren Leistung einen gewissen Lohn bietet,“ auch Schütze 66.

[3] Wächter II, 360; Schütze 54; Rivier I, 203; Ihering i. s. Jahrb. IV, 97, VII, 177; Eisele XXV, 21; Kohler in Iherings Jahrb. XVII, 323; Förster I, 439; Schilling I, 181; Schweppe 324; Vangerow III, § 603, Nr. 2: Holzschuher III, 296; Bucher I, 34; Regelsberger 204; v. Wening-Ingenheim 128; Schmidt I, 376; Goldschmidt XIII, 339; früher auch Windscheid, 1. Aufl., II, 1, S. 165.

[4] Exner 348; Pernice XX, 296.

[5] Schott 140.

[6] Windscheid II, 162; Hauser XII, 49.

[7] Hauser XII, 49; Kohler in den Annalen XXXXI, 254; Exner 344 Regelsberger 204; Hasenöhrl II, 9, 12[4]; Windscheid II, 163[5].

Der gleiche Einwand[1] ist der Ansicht zu machen, welche die Annahme des Anerbietens in dem Beginne des Thätigwerdens findet; denn nicht eine begonnene, sondern eine vollendete Leistung verlangt der Auslobende. Ungewiß bleibt zudem bis zur Vollendung, ob die begonnene Arbeit zur Fertigstellung gelangt oder nicht.[2] Übrigens scheinen die Anhänger dieser Ansicht dieselbe nur deshalb aufgestellt zu haben, um ihrer weiteren Meinung bezüglich der Frage des Widerrufs eine Begründung aus dem Wesen der Auslobung selbst zu geben.[3]

Die dritte Ansicht zählt die meisten Stimmen. Nach ihr bildet die Auslobung den einen Fall, in welchem der Vertrag nur durch stillschweigende Annahme geschlossen werden kann. Ausdrücklich erklärte Annahme läßt diese Theorie nicht zu.

Abgesehen von dem Einwande, den Kuntze[4] hiergegen dahin präzisiert, „daß wenn man in der thatsächlichen Erfüllung die Acceptерklärung finden wollte, das sonderbare Resultat gewonnen würde, daß der Vertrag nicht eher zum Abschluß gelange, als bis er von der einen Seite erfüllt würde“, und der Bemerkung von Brinz,[5] daß eine Offerte, welche in bloßen Worten nicht acceptiert werden könne, überhaupt keine Offerte sei, so muß doch hier insbesondere auf den Umstand hingewiesen werden, daß nach dieser Theorie alle diejenigen von der Beanspruchung der Belohnung ausgeschlossen sind, welche die vom Auslobenden geforderte Leistung erbracht haben, ohne in Kenntnis seines Versprechens gewesen zu sein.[6]

Durch diese unten noch weiter zu erörternde Rechtsfolge ist Exner dazu verleitet worden, als Annahme des Versprechens erst die Geltendmachung der Leistung durch deren Urheber gegenüber dem Auslobenden zu betrachten, oder wie Pernice[7] sich ausdrückt, „Überreichung des Opus unter Erhebung des Anspruchs auf die Prämie“. Er hat jedoch wenig Zustimmung gefunden.[8] Kohler bemerkt hierzu, daß es unter Umständen „zur Leistung des Dritten gehören kann, daß er nicht nur produziert, sondern auch das Produzierte dem Auslobenden übergiebt.“ Dann ist aber die Übergabe nach seiner Meinung, welcher man sich wohl anschließen kann, eben

---

[1] Wächter II, 360.
[2] So auch Ihering in s. Jahrb. IV, 103; Exner 345: Schütze 67.
[3] Ebenso Exner 345; Hasenöhrl II, 9.
[4] Kuntze zu Holzschuher III, 298; Tschirner 102.
[5] Brinz II, 1540.
[6] So auch Windscheid II, 162[5]; Hasenöhrl II, 9; Dernburg Pa. II, 24.
[7] Pernice XX, 296.
[8] Kohler in Iherings Jahrb. XVII, 324, „eine rein theoretische Annahme, welche im Leben keinen Boden hat.“ Windscheid II, 163[5].

Teil der vertragsmäßigen Leistung. Dies genügt indes noch nicht, um Exners Ansicht zu widerlegen. Denn Überreichung der Leistung — und wenn ich Exner recht verstehe, scheint er dies im Gegensatz zu Pernice gar nicht zu fordern — ist natürlich nicht immer notwendig, um ein Anrecht auf die Prämie zu gewähren; ja in vielen Fällen ist sie überhaupt nicht möglich. Hierdurch wird auch die Ansicht Schotts,[1] welcher eine Übermittelung des Thätigkeitsresultates an den Auslobenden zur Perfektion des Vertrages für erforderlich hält, genügend widerlegt. Aber Exner[2] verlangt zur Annahme eine Willenserklärung gegenüber dem Auslobenden in Verbindung mit der Berufung auf die erbrachte Leistung, also Geltendmachung des Anspruchs auf die ausgelobte Prämie. Sonach würde, falls Exners Meinung richtig wäre, der Vertrag erst in diesem Momente zustande kommen. Dies widerspricht durchaus dem Willen des Leistenden, welcher, wenn er das Versprechen einsendet, nicht erst ein Recht erwerben, sondern vielmehr ein bereits erworbenes geltend machen will.[3]

Eben diese Momente sind gegen die unter 6. erwähnte Ansicht vorzubringen, welche Hasenöhrl[4] nicht mit Unrecht als eine Modifikation der Exnerschen bezeichnet.

Endlich bleibt noch die oben schon berührte, mit der Besprechung der einzelnen Meinungen im engsten Zusammenhang stehende Frage zu erledigen, ob für den Leistenden ein Forderungsrecht begründet wird, ohne daß er Kenntnis von der Auslobung hatte, und in Verbindung hiermit die fernere, ob die geforderte Thätigkeit vom Leistenden in Hinblick auf die Auslobung bewirkt werden muß oder nicht, und wenn, ob diese Konsequenz aus der Vertragstheorie gerechtfertigt werden kann.

Beide Fragen besagen zweifellos nicht dasselbe. Es ist möglich, daß jemand, der in der vom Auslobenden gewünschten Weise thätig geworden ist, von der Auslobung Kenntnis hatte, ohne deswegen gerade in Hinblick auf dieselbe gehandelt zu haben. Das Umgekehrte ist natürlich nicht denkbar. Es kann niemand mit Bezug auf ein Auslobungsversprechen thätig werden, ohne dasselbe zu kennen. Er wird stets in Bezug auf dasselbe handeln, nachdem er es kennen gelernt hat.

Daß auch derjenige berechtigt sein muß, die ausgesetzte Belohnung in Anspruch zu nehmen, welcher ohne Kenntnis der Aus-

---

[1] Dagegen auch Windscheid II, 162[5].

[2] Exner 346; dagegen Windscheid II, 163[5]; Hofmann 43[25].

[3] Siegel 107; Hasenöhrl II, 9—10, welcher einige Konsequenzen dieser Theorie zieht und auf deren Unhaltbarkeit aufmerksam macht.

[4] Hasenöhrl II, 9[23].

lobung die Leistung vorgenommen hat, ist ein Erfordernis der Billigkeit, wie beinahe allseitig zugegeben wird.[1][2] Gierke meint allerdings,[3] daß man dem Handelnden das Recht auf Belohnung nicht aufdrängen dürfe. Mir scheint Gierke hierbei indes die Frage, ob dem Leistenden ein Recht auf die Auslobung zustehe, nicht von der anderen genügend zu scheiden, ob der Leistende das Recht geltend machen will.

Ebenso darf nach meiner Meinung nicht verlangt werden, daß der Leistende seine Thätigkeit in Hinblick auf die Auslobung entwickelt hat.[4]

Würde doch die gegenteilige Entscheidung in erheblichem Maße unser Rechts- und Billigkeitsgefühl verletzen! Auch lehrt, wie Wolf anführt,[5] „die Erfahrung des täglichen Lebens, daß dem Überbringer verlorner Sachen, ohne nach seiner Bekanntschaft oder Unbekanntschaft mit der Auslobung zu fragen, und auch falls sein Nichtwissen sich zufällig herausstellen sollte, mit voller opinio necessitatis geleistet wird".

Ließe nun jene Auffassung die beiden Folgerungen nicht zu, so müßte ihr schon aus diesem Grunde die Zustimmung versagt werden, indem dann nicht mehr zweifelhaft sein könnte, daß diese Theorie den praktischen Bedürfnissen des Verkehrs und des öffentlichen Glaubens keineswegs Rechnung trägt.[6]

---

[1] So Siegel 104; Kohler in den Annalen XXXXI, 254; in den Iheringschen Jahrb. XVII, 323; Brinz II, 1549, II, 1, S. 556; Unger I, 370; Behrend in s. Ztschr. 191; Windscheid II, 162[5]; Wolf 104; Hasenöhrl II, 9; Regelsberger 212; Exner 346. Letzterer hebt außerdem die andernfalls vorhandene Schwierigkeit des Beweises hervor; anderer Ansicht Rivier I, 204; Vangerow III, § 603, Nr. 3.

[2] Die bezügliche ausdrückliche Bestimmung im E. 581, Abs. 2, I. Lesung ist in der II. Lesung gestrichen worden. [3] Gierke XIII, 219.

[4] So auch Kirchstetter 433; Siegel 107; Wolf 104; Hasenöhrl II, 9 und von den Anhängern der Vertragstheorie Pernice XX, 285; Exner 347, 350; Regelsberger 212; Gierke XIII, 219; für das sächsische Recht Grützmann, Lehrbuch II, 54; ferner E. Mot. II, 520; E. 581, Abs. 2, I. Lesung, „sofern in der Auslobung nicht ein anderes bestimmt ist." E. 589 a. E., II. Lesung. Dagegen Windscheid II, 163[5]; Pagenstecher 386; Schütze 55; Vangerow III, § 603, Nr. 3; Rivier I, 204; eigentümlicherweise auch Kuntze zu Holzsch. III, 300, welcher doch andererseits mit Lebhaftigkeit die Auffassung der Auslobung als einseitiges Rechtsgeschäft verteidigt. Arndts 481 und Puchta 394 sind nicht hierher zu stellen. Ihre Bemerkung bezieht sich nur auf einen Fall des Widerrufs, a. Mg. Siegel 104[30]. Schilling I, 181 spricht davon, daß bei der Auslobung die Leistung nur mit Hinsicht auf die dafür gemachte Zusage unternommen zu werden pflege. Was aber dann gelten soll, wenn die Auslobung ohne diese Rücksicht unternommen wird, sagt er, wie Hofmann 43[96] richtig bemerkt, nicht.

[5] Wolf 104. [6] Windscheid II, 163[6].

In betreff der zuerst erwähnten Frage wird allgemein zugegeben, daß sie nicht auf Grund der Ansicht bejaht werden kann, welche die Acceptation nur als faktische zuläßt. Die Begründung, welche Kohler[1] seiner entgegengesetzten Meinung giebt, faßt er in die Worte zusammen: „Ich appelliere in dieser Hinsicht kecklich an das Rechtsgefühl eines jeden."

Folgt aber dieser Rechtssatz aus einer anderen der obigen Auffassungen von der Perfektion des Auslobungsvertrages? Von ihren Vertretern, soweit sie sich hierüber äußern, wird dies allerdings behauptet, und sie sind erst um dieser Folgerung willen zu ihrer Ansicht über den Abschluß des Vertrages gelangt.[2] Was ich oben gegen die ganze Theorie vorgebracht habe, spricht besonders auch gegen diesen einen Punkt derselben, und ich stimme daher dem zu, was Brinz[3] sagt: „Wer das Gefundene heimgiebt, die erste Kanone wegnimmt, ohne von der Auslobung zu wissen, hat unmöglich acceptiert, weder in Worten, noch in Werken, und ist doch forderungsberechtigt; unmöglich also bedarf die Auslobung erst der Acceptation; unmöglich ist sie bloß Offerte."[4]

Muß aber vom Standpunkte der Vertragstheorie zur Gültigkeit einer Auslobung verlangt werden, daß der Leistende Kenntnis von der Auslobung hatte, so würde es auch der Vertragstheorie durchaus widersprechen, wenn man darauf verzichten wollte, vom Leistenden zu verlangen, daß er in Hinblick auf die Auslobung thätig geworden ist. Die Schriftsteller, welche die Auslobung als Vertragsanerbieten auffassen, würden sich also einer Inkonsequenz schuldig machen, wenn sie jene Folgerung leugnen wollten. Ist doch der Vertrag seinem Begriffe nach nicht Willensübereinstimmung, sondern Willenseinigung! Diese setzt aber voraus, daß die Parteien von dem Willen des anderen Kenntnis haben und in Hinblick auf diesen Willen thätig werden. Mit Recht bemerkt daher Windscheid,[5] daß die gegenteilige Ansicht nur vom Standpunkte des einseitigen Versprechens aus haltbar ist. Nach ihm soll übrigens Kohler zu denen gehören, welche glauben, daß auch die Vertragstheorie kein Thätigwerden des Leistenden, der einen Anspruch auf die Prämie erwerben will, gerade mit Bezug auf die Auslobung fordert. Doch scheint er übersehen zu haben, daß Kohler verlangt: der Leistende,

---

[1] Kohler in Iherings Jahrb. XVII, 323.

[2] Hasenöhrl II, 13[42]; Wolf 105. [3] Brinz II, 1549.

[4] Eccius I, 410 betont unter Bezugnahme auf Tl. I, Titel 11, § 992 des Prß. Landr., daß der gegen die Vertragsnatur geltend gemachte Grund, daß auch derjenige das Recht auf den Preis erlangt, der von der Auslobung nichts gewußt, für das Preuß. Recht nicht durchgreift. Ebenso Förster I, 4. Aufl., 506[46]. [5] Windscheid II, 163[5].

welcher ohne Rücksicht auf die Auslobung gehandelt hat, müsse „nachträglich die Leistung mit dem Versprechen in Verbindung bringen und erklären, daß er die Auslobungssumme als Äquivalent haben wolle". Pernice[1] versucht allerdings die entgegengesetzte Meinung als Rechtsfolge der Vertragstheorie zu deduzieren, indem er darauf hinweist, daß der Auslober lediglich die Herstellung des Opus wolle und, falls ihm dieses erbracht sei, keine Veranlassung habe, auf die Motive der dazu nötigen operae einzugehen. Meines Erachtens ist diese Darlegung nicht überzeugend.[2]

Nach alledem dürfte der Beweis geliefert sein, daß die Konstruktion der Auslobung als Vertragsanerbieten in keiner Weise dem Wesen dieses Rechtsinstitutes entspricht, da sie nicht nur den Willen des Auslobenden unbeachtet läßt, sondern auch zu Rechtsfolgen führt, welche die Prinzipien der Billigkeit verletzen.

Es kann mir daher erlassen bleiben, auch noch die Ansichten über die Beschaffenheit und Art des Vertrages zu besprechen, welcher durch die Acceptation des Leistenden nach jener Auffassung zur Entstehung kommen soll. Eine Übersicht über dieselben ist gegeben. Ihre Prüfung im einzelnen würde einen weiteren Beweis gegen die Vertragstheorie ergeben.

Die Aufgabe des Folgenden kann es nur sein, eine die vorgetragenen Schwierigkeiten vermeidende, den Willen der Parteien treffende und dem allgemeinen Rechtsbewußtsein entsprechende Auffassung zu suchen.

---

§ 8. Besprechung der Theorie des einseitigen Rechtsgeschäfts.

Die andere Theorie, welche aufgestellt worden ist, um die Auslobung dem Rechtssystem einzureihen, kann als Theorie des einseitigen Rechtsgeschäfts bezeichnet werden. Dieselbe gewinnt in neuerer Zeit immer mehr Anhänger, und selbst Vertreter der vorbetrachteten Theorie halten diese Ansicht de lege ferenda für die zweckentsprechende, wenngleich sie sich nicht entschließen können, sie für das geltende gemeine Recht anzuerkennen.[3]

---

[1] Pernice XX, 296.

[2] In dem von Pagenstecher 386 besprochenen und dem von Girtanner 264 mitgeteilten Rechtsfalle muß zweifellos der versprochene Lohn an den Finder gezahlt werden. Schütze 55[25].

[3] Windscheid II, 162[8].

Auch innerhalb dieser Ansicht herrscht nicht vollständige Übereinstimmung. Insbesondere wollen die einen die Auslobung unter die Pollizitationen des römischen und gemeinen Rechtes stellen, während die anderen eine Vermischung dieser Anschauung mit der Theorie des einseitigen Versprechens ablehnen und die Auslobung als ein bedingtes, einseitiges Versprechen erklären.

Die Gründe, welche gegen die Theorie im allgemeinen geltend gemacht werden, lassen sich dahin zusammenfassen, daß ein Wille zur Erzeugung einer Obligation nicht genüge, aus einem einseitigen Versprechen also eine Verbindlichkeit nicht entstehen könne,[1] und daß „an diesem Grundpfeiler des Obligationenrechts nicht gerüttelt werden“[2] dürfe.

In der That wird man Bedenken tragen, diesen Grundsatz ohne Not durch Ausnahmen zu durchbrechen, wenngleich ich dem von Bucher[3] angeführten Grund, daß „man gewöhnlich und beinahe immer“ annehmen könne, daß das einseitige Versprechen nicht in der ernstlichen Absicht, sich verbindlich zu machen, erfolgt sei, nicht ohne weiteres zustimmen möchte und lieber dem von Gerber angedeuteten beipflichte, daß, abgesehen von Ausnahmefällen, erst die Annahmeerklärung die für das Rechtsleben notwendige Präzision und Evidenz des Geschäftsabschlusses zu geben vermag.[4]

Andererseits würde es aber unbillig erscheinen, eine solche Ausnahme, welche vom Rechtsgefühl und von der Billigkeit gefordert wird, in einem gegebenen Falle nicht zu statuieren. Ein solcher Fall scheint mir aber die Auslobung. Eine Reihe von Momenten sprechen hierfür.

Zunächst schon ihre Form! Wendet sich der Auslobende doch — mittels öffentlicher Bekanntmachung — an alle Menschen, mindestens aber an einen bestimmten Kreis derselben! Mit Recht nennt Kuntze[5] diese Form „anspruchsvoll“. Und schon um dieser Form willen erscheint es berechtigt, wenn man in diesem Falle den einseitigen Willen des Auslobenden als rechtsverbindlich ansieht. Richtig bemerkt Unger:[6] „Die publica fides fordert, daß ein öffentlich gegebenes Wort auch eingelöst werde“.

Dazu kommt, daß der Wille ein durch sich selbst beschränkter

---

[1] Mit Recht bemerkt Gerber 263[3] gegen Siegel, daß man bezweifeln müsse, ob der gegenteilige Satz ein für das Rechtsleben besonders wünschenswerter ist; siehe aber auch Siegel 105[91].

[2] Exner 344. [3] Bucher I, 33.

[4] Treffend sagt Rosencamp 4: „ea solum dicta sive promissa admittenda sunt, quaecunque sic dicuntur ut praestentur, non ut jactentur.“

[5] Kuntze zu Holzschuher III, 300.

[6] Unger I, 370; Hasenöhrl II, 12[36].

ist. Der Auslobende erklärt nicht seinen Willen, irgend jemandem etwas geben zu wollen, sondern den Willen, demjenigen etwas zu leisten, welcher seinerseits in gewisser Weise thätig werden würde. Schon diese Hinzufügung zum Versprechen, welche sich als Bedingung darstellt, scheint mir genügend, jedes Bedenken gegen eine etwaige Gemeingefährlichkeit der Auffassung der Auslobung als einseitiges Versprechen auszuschließen.[1]

Man erwäge aber ferner, daß die Auslobung, als Vertragsanerbieten angesehen, in keiner Weise dem Willen der Parteien und dem Rechtsgefühle entspricht,[2] während die hier vertretene Theorie, wie sich auch später noch ergeben wird, in jeder Beziehung diesen Anforderungen Rechnung trägt. Man berücksichtige endlich, daß die Konstruktion der Auslobung eine viel einfachere und prozessualisch bequemere wird,[3] wenn man sie als einseitiges Versprechen auffaßt.

Hierzu tritt nun insbesondere noch der Umstand, daß die Auslobung sich auf gewohnheitsrechtlichem Wege entwickelt hat, und in dieser Entwickelung eine auf Gewohnheitsrecht beruhende Durchbrechung des Grundsatzes der Ungültigkeit einseitiger Versprechen erkannt werden muß.

Übrigens sind solche Ausnahmen bereits im römischen Recht unter dem Namen Pollizitationen bekannt. Bearbeiter dieser Lehre haben gemeint, daß die Auslobung ein durch Gewohnheitsrecht hinzugekommener fernerer Fall der Pollizitationen sei.

Es fragt sich, ob diese Ansicht gebilligt werden kann, und ferner, ob überhaupt ein Unterschied zwischen ihr und der Auffassung zu konstatieren ist, welche in der Auslobung eine Unterart der einseitigen Rechtsgeschäfte sieht, ohne die Auslobung als Pollizitation zu betrachten. Hierdurch mögen auch die folgenden Vorbemerkungen über Begriff und Wesen der Pollizitationen im römischen und gemeinen Recht gerechtfertigt werden.

Den Begriff der pollicitatio bestimmt die l. 3 D. L, 12. Die Römer verstehen demnach unter pollicitatio ein einseitiges, von keiner anderen Seite angenommenes Versprechen. Dieselbe Definition finden wir bei den Schriftstellern des gemeinen Rechtes, welche — und zwar scheint die Lehre von den pollicitationes ein beliebter Gegen-

---

[1] Karlowa 276. Mehr vom Standpunkte des Auslobungsgegners bringt Behrend in s. Ztschr. 191 und 306 denselben Gedanken zum Ausdruck, wenn er davon spricht, daß es hier eines Erwerbsaktes bedürfe. Wendt 588 führt noch an, daß auch nach der Vertragstheorie dem Gläubiger keine andere Rolle zufallen kann, als die gesetzte Bedingung zu erfüllen. Einert 91.

[2] Behrend in s. Ztsch. 190.

[3] Hofmann 45; Windscheid II, 162[3]. Dagegen Pernice XX, 297.

stand ihrer Dissertationen gewesen zu sein — diese Matérie behandelt haben.[1] So nennt Pacius die pollicitatio: voluntas sponte et nemine paciscente declarata de re danda vel facienda.[2] Die früheren gemeinrechtlichen Schriftsteller haben nun die Pollizitationen in nudae, d. h. solche, quae iuris gentium dici solent, und non nudae oder legitimae, d. h. solche, quae lege aliqua confirmatae sunt, eingeteilt.[3] Letztere werden wieder in pollicitationes in specie sic dictae und in vota geschieden.[4] Die pollicitationes in specie umfassen die dem Staate oder der Stadtgemeinde gemachten Versprechen.

Als Einteilungsgrund ist die Klagbarkeit bezw. Nichtklagbarkeit der einzelnen Pollizitationen ersichtlich. Die zuletzt genannte Art erzeugt unter gewissen Umständen eine Obligation, jene nicht. Die klaglosen bilden die Regel, die klagbaren die verschwindenden Ausnahmen.[5]

Die gegen die Auffassung der Auslobung als Pollizitation vorgebrachten Bedenken bewegen sich in folgender Richtung:

Zunächst wird darauf hingewiesen, daß es sich bei den Pollizitationen um eine certa, bei den Auslobungen um eine incerta persona handelt.[6] Demgegenüber behauptet Brinz,[7] daß die Auslobung als Ausdehnung der Pollizitation an Städte zur Pollizitation ans Publikum aufzufassen sei. Besteht nun zwar darüber kein Streit, daß der Grundsatz der Rechtsgültigkeit der pollicitationes civitati factae im gemeinen Recht ausgedehnt worden ist, indem von den Schriftstellern dieses Gegenstandes unter fast ungeteilter Zustimmung zu Gunsten der collegia licita, scholae, hospitalia gegebene einseitige Versprechen als klagbar erachtet werden,[8] so ist doch der Schluß von der Ausdehnung der Pollizitation an Städte in dem bezeichneten

[1] Interessant ist die Einleitung, mit welcher H. Balthasar Zabel (Schachers § 1, § 3) seine disp. Jur. de pollicitatione beginnt. Er spricht von der herbula, vocitata a Romanis pollicitatio, in horto vel seminario juris publici, qui reperitur in D. L, ubi pro publica culina et alia sata et creta conspiciuntur. Im § 7 sagt er dann, ut alienigena et exotica videntur.

[2] Stoekken qu. I; ferner Rosencamp 31; Barth 6; Heineccius VII, 397; Günther II, 789; Höpfner 795; Cuiacius 304; Baron Pa. 351; Liebe XV, 198; Arndts 481; Hesse 220; Bucher I, 33.

[3] Heineccius VII, 397x bemerkt: „hic ipsa lex promissum acceptat."

[4] Hofmann § 7; Bynkershoek 197; Barth 10; Bauriedel II, 595; Höpfner 795.

[5] Daries 220 drückt dies so aus: „manifestum inde est, in dubio praesumendum esse, pollicitationes esse nudas."

[6] Hermann 66; Exner 343; Schilling I, 181.

[7] Brinz II, 1, S. 142.

[8] Als Grund dieser Auffassung wird angegeben: quod partem civitatum constituant. Hoffmann § 8 und die dort Citierten.

Umfange auf die an das Publikum nicht zu rechtfertigen. Nichtsdestoweniger halte auch ich jenes erste Bedenken nicht für begründet; denn es kann, wenn man einmal einem einseitigen Versprechen die Klagbarkeit gewährt, keinen wesentlichen Unterschied machen, ob dasselbe einer bestimmten oder unbestimmten Person gegeben worden ist.

Gegen den zweiten Einwand, daß die obligatio bei der pollicitatio sofort, bei der Auslobung aber erst mit der Acceptation entstehe,[1] mag auf die weiter unten gelegentlich der Erörterung der Möglichkeit des Widerrufs gemachten Bemerkungen Bezug genommen werden.

Endlich wird noch angeführt, daß die pollicitatio ein propter communem utilitatem eingeführtes singulare beneficium universitatum vel aliorum corporum sei, während eine solche singularis ratio bei der Auslobung nicht erkannt werden könne.[2] Wenn ich auch die Behauptung, daß eine besondere ratio für die Klagbarkeit bei der Auslobung nicht vorliege, in Hinblick auf das früher Gesagte nicht für zutreffend erachte, und weiter glaube, daß Auslobungsfälle denkbar sind, die auf Förderung des Staatswohles hinzielen, so bin ich doch namentlich mit Rücksicht darauf, daß bei den pollicitationes in specie regelmäßig ein öffentliches Interesse vorliegt, der Meinung, daß die Auslobung nicht als eine pollicitatio in specie sic dicta aufzufassen ist.[3]

Danach kann die Auslobung nur unter die pollicitationes im weiteren Sinne gerechnet werden. Übrigens muß ich Exner[4] zustimmen, welcher sagt, daß „mit der Zusammenstellung der Auslobung mit der römischen Pollizitation weder theoretisch etwas erklärt, noch praktisch etwas gewonnen“ ist.

Es genügt, gezeigt zu haben, daß auch im römischen Recht dem einseitigen Versprechen unter gewissen Beschränkungen und Voraussetzungen rechtliche Wirkung beigelegt worden ist, sowie daß das gemeine Recht sich nicht gescheut hat, diese Ausnahmen noch zu erweitern.[5]

---

[1] Hermann 66; Baron Abh. 96[127]; Böcking I, 378; Bülow 272.

[2] Hermann 66; Exner 343; ferner Hoffmann § 13: „pollicitationis finis est liberalitas.“

[3] Wolf 107, welcher die Auslobung als bedingte Pollizitation konstruiert, bemerkt, daß bedingte Pollizitationen im Corpus juris zwar nicht vorkommen, — hiergegen mit Recht Barth 31—32 — daraus aber deren Unstatthaftigkeit nicht zu folgern sei.

[4] Exner 344, ebenso Siegel 105[31].

[5] Hierzu mag noch auf den Fall bei Windscheid, 6. Aufl., II, § 304, Ziff. 3, S. 173 verwiesen werden.

Aus dieser Betrachtung geht hervor, daß es durchaus der Natur der Sache entspricht, wenn in der Auslobung als einem öffentlich abgegebenen bedingten Versprechen eine fernere, durch Gewohnheitsrecht entstandene Ausnahme von dem Grundsatze der Unverbindlichkeit einseitiger, unacceptierter Versprechen nach gemeinem Recht erkannt wird.[1]

Nach sächsischem Recht läßt sich eine richtige Entscheidung leichter und sicherer finden. Allerdings bestimmt § 770 des Bürgerl. Gesetzbuchs, daß das einseitige Versprechen einer Leistung unter Lebenden unverbindlich ist, und dies mag wohl Schmidt[2] bewogen haben, die Auslobung „unter den allgemeinen Vertragsgesichtspunkt" zu stellen. Selbst die speziellen Motive zum Entwurf von 1861[3] meinen, daß das Gesetzbuch diese Ansicht „als die den Verhältnissen entsprechendere adoptiert" habe.

Dagegen aber spricht schon, daß das Bürgerl. Gesetzbuch bereits im nächsten Paragraphen ausdrücklich wieder von einem „einseitigen Versprechen" redet und dasselbe mit rechtlicher Wirksamkeit ausstattet. Dies würden die Gesetzgeber nicht gethan haben, wenn sie die Auslobung nicht als Ausnahme von dem eben von ihnen aufgestellten Satze angesehen hätten. Deutlicher noch wäre dies erkennbar, wenn der in den Redaktionsprotokollen dem § 770 entsprechende § 785, welcher sich von seiner heutigen Fassung nur durch die Worte „in der Regel" vor unverbindlich unterschied, dieselben beibehalten hätte. Indessen wurde, wie aus dem Justizministerialprotokoll vom 8. Juni 1860 ersichtlich, bei Besprechung des genannten Paragraphen, welcher dort die Zahl 779, im Entwurf von 1861 aber 792 trug, vom Justizminister Dr. v. Behr unter Zustimmung der übrigen Kommissare, des Oberappellationsgerichtspräsidenten Dr. Ortloff und der Geh. Justizräte Dr. Heerwart und Siebenhaar „darauf hingewiesen, daß gegenüber der einzigen Ausnahme von der Verbindlichkeit der Publikationen, welche im § 780 (793) Erwähnung gefunden, die Worte ‚in der Regel', welche ohnehin ungeachtet der juristisch unzweifelhaften Begründung des Satzes einen verletzenden Eindruck machten, füglich zu entbehren seien". Deshalb wurden die Worte „in der Regel" in Wegfall gebracht.[4]

---

[1] Hiernach ist die Auslobung im System zu den einseitigen Rechtsgeschäften zu stellen; dagegen Windscheid II, 6. Aufl., § 304, Z. 3, S. 173. Über diese Frage sprechen sich noch kurz aus: Förster I, 438; Völderndorff XXV, 180; Schütze 39[3]; Regelsberger 212. [2] Schmidt I, 376.

[3] Spez. Mot. E. Sächs. B.G.B. 1861, 756, ebenso E. Mot. II, 521.

[4] Daher ist schon die Fassung des § 792 im E. zum Bürg. Gesetzb. von 1860, 127 dieselbe, wie die des § 770.

Ist schon hierin klar ausgesprochen, daß die Verfasser des Bürgerlichen Gesetzbuchs die Auslobung als einseitiges Versprechen aufgefaßt haben, so ergiebt sich dies noch weiter aus dem Sitzungsprotokoll CXVII der Revisionskommission[1] vom 13. November 1857, in welchem es ausdrücklich heißt: „Anlangend die von der als Regel angenommenen Unverbindlichkeit bloß einseitiger Versprechen im § 109[2] zugelassenen Ausnahme bei einem öffentlich bekannt gemachten einseitigen Versprechen eines Preises oder einer Belohnung an eine unbestimmte Person für den Fall einer gewissen Leistung, Auslobung, so war man darüber einverstanden, daß dadurch, wenn die Leistung erfolgt ist, eine Verbindlichkeit für den Versprechenden erzeugt werde.“

Danach ist mir zweifellos, daß die Auslobung sich nach sächsischem Recht als einseitiges, bedingtes Versprechen darstellt, eine Ansicht, welche schon vor Einführung des Bürgerl. Gesetzbuchs von Curtius[3] vertreten worden ist.[4]

Ebendiese Entscheidung enthält das preußische Landrecht.[5] Zwar hat die gegenteilige Ansicht hervorragende Anhänger. Der von ihnen vorgebrachte Grund aber, daß das preußische Recht die Vertragstheorie gesetzlich sanktioniere, „da hier die Aussetzung einer Prämie den Verträgen über Handlungen unterstellt worden“ sei,[6] möchte nicht überzeugend sein. Die systematische Stellung der Auslobung im preußischen Landrecht rechtfertigt sich vielmehr dadurch, daß, wie Eccius[7] hervorhebt, dabei eine Leistung für eine Handlung versprochen wird. Übrigens kann auch die ganze Regelung, welche die Auslobung erfahren hat, keinen Zweifel übrig lassen. Ist doch das öffentlich abgegebene Versprechen für den Versprechenden nach § 994, Tit. 11, Tl. I derart bindend, daß er dasselbe nicht zurücknehmen kann![8]

---

[1] Anwesend waren in derselben die Oberappellationsgerichtspräsidenten Dr. v. Langenn und Dr. Ortloff, die Oberappellationsgerichtsvizepräsidenten Dr. Hänel und Dr. Schneider, die Geh. Justizräte Dr. Heerwart und Oberappellationsgerichtsrat Dr. Groß, Geh. R. Oberappellationsgerichtsrat Dr. Marschner und Oberappellationsgerichtsrat Siebenhaaar.

[2] Dieser Paragraph entsprach dem § 786 bez. § 771.

[3] Curtius III, 267.

[4] Entgegengesetzter Meinung ist wohl auch Beckhaus 37; wenigstens nennt er als gemeinrechtliche Quelle des Bürgerl. Gesetzb. zum § 771 die l. 15 D. XIX, 5 und die von der stipulatio handelnde l. 1. § 1, D XXXXV, 1.

[5] Die Auslobung bedarf, auch wenn die Belohnung 150 Mark übersteigt, zu ihrer Gültigkeit nicht der schriftlichen Fixierung. So Dernburg, Prß. Privatr. II, 4. Aufl., 26; Förster I, 507[51] in d. 4. Aufl., aber nur vom Vertragsstandpunkt aus; a. Mng. Eccius I, 411.

[6] Behrend in s. Ztschr. 191. [7] Eccius I, 410[3].

[8] Eccius I, 410 f.

Das östreichische Gesetzbuch endlich hat keine besonderen Bestimmungen über die Auslobung. Indes ist diese in mehreren Verordnungen gesetzlich geregelt[1] und auch in der östreichischen Litteratur und Praxis anerkannt.[2] Denn zunächst schließt § 861 des östreichischen Gesetzbuchs, welcher den Unterschied zwischen Versprechen und Vertrag statuiert, die Möglichkeit eines Versprechens an eine unbestimmte Person nicht aus. § 862 aber bestimmt im Schlußsatz: „Vor Ablauf der festgesetzten Zeit kann das Versprechen nicht zurückgenommen werden.“ Der Auslobende, welcher eine Belohnung für irgend eine von ihm begehrte Thätigkeit innerhalb einer bestimmten Zeit ausgesetzt hat, ist also verpflichtet, dieselbe zu leisten, falls die Thätigkeit rechtzeitig vollzogen worden ist. Die Zeit, innerhalb welcher die Leistung geschehen soll, braucht natürlich nicht ausdrücklich bestimmt zu sein. Sie kann sich sehr wohl stillschweigend aus der Natur der Sache oder der Absicht und dem Willen des Auslobenden ergeben. Ist allerdings gar kein derartiger Anhalt zur Bestimmung der Zeit vorhanden, so wird solchen einseitigen Zusagen die Rechtsgültigkeit nach östreichischem Recht abzusprechen sein.

§ 9. Die Erfordernisse der Auslobung.

Die Voraussetzungen zum Vorhandensein einer rechtsgültigen Auslobung sind folgende:

1. ein Versprechen, d. h. die Erklärung des Willens, etwas zu leisten. Damit ein derartiges Versprechen den Auslobenden binde, muß er sich natürlich rechtlich verpflichten können.[3] Ferner muß das Versprechen in Verpflichtungsabsicht abgegeben, also ernstlich gemeint sein.[4] Woran soll aber die Ernstlichkeit des Verpflichtungswillens erkannt werden? Die Meinungen sind geteilt, und mit Recht sagt Windscheid,[5] daß der letzterwähnte „Satz im Prinzip ebenso

[1] Kirchstetter 434^{15}; Hasenöhrl II, 7^{12}; Stubenrauch, Kommentar II, 185; Verwaltungsgesetzk. I, 539—540.

[2] Hasenöhrl II, 7^{8-9}; Kirchstetter 433 f.; Nippel VI, 12; Stubenrauch, Komm. II, 185 f.

[3] Hasenöhrl II, 10; E. Hess. 198, Abs. 1; E. Mot. Hess. 108.

[4] So Stobbe III, 103^{9}; Windscheid II, 163; Hofmann 42; Cosack 1010; Gengler 437; Förster I, 438; Kirchstetter 434, Hasenöhrl II, 10; Schütze 36 (in den Gründen des von ihm mitgeteilten Rechtsfalls), 46; Arndts 481; Koeppen XI, 55; Tschirner 133; Zach. v. Lingenth. II, 425; Hauser XII, 41; Goldschmidt XIII, 340; E. Mot. II, 520.

[5] Windscheid II, 163^{9}; gegen ihn Tschirner 133.

feststehend, wie seine Anwendung im einzelnen Falle schwierig" sei.[1] Die Lösung der Meinungsdifferenzen ist in verschiedener Weise versucht worden. Insbesondere haben mehrere Schriftsteller im einzelnen die Momente aufgezählt, welche nach ihrer Ansicht vorhanden bezw. nicht vorhanden sein müssen, um die rechtsverbindliche Auslobung von den nicht ernstgemeinten Versprechungen zu unterscheiden. Als ein derartiges Kennzeichen wird vorzüglich das Vorhandensein, bezw. der Mangel eines rechtlichen Interesses[2] an der Erbringung der Leistung bezeichnet. Schütze leugnet nämlich im letzten Falle das Vorliegen einer rechtsverbindlichen Auslobung und behauptet, daß zunächst die Vorfrage entschieden werden müsse, ob der Auslobende denkbarerweise ein Interesse an der Erfüllung der verlangten Leistung hatte, das ihn veranlassen konnte, den Preis zu zahlen. Er begründet dies durch den Hinweis darauf, das derjenige, welcher etwas für eine solche Leistung geboten hat, die ohne ein denkbares Interesse für ihn ist, entweder des gesunden Verstandes entbehrt oder aber das Angebot nicht ernstlich meint. Gewiß kann eine Auslobung, bei welcher der Auslobende auch nicht das geringste Interesse an der Leistung hat, nicht verbindlich sein, wenngleich es, wie Schütze richtig bemerkt, mit dem vermögensrechtlichen oder dem Affektionsinteresse, welches zur Begründung einer Obligation hinreicht, so wenig streng als möglich zu nehmen ist.[3] Ob der Auslobende aber persönliche Interessen verfolgt oder um höherer Zwecke willen die Versprechung macht, ist gleichgültig.[4] Ich vermag aber nicht zu erkennen, daß notwendig ein Zusammenhang zwischen der Ernstlichkeit des Willens und dem Vorhandensein des Interesses bestehen muß. Kommt es doch häufig vor, daß der Auslobende ein Interesse an der Leistung hat, die Ernstlichkeit des Verpflichtungswillens aber im konkreten Falle fehlt! Zudem folgt aus dem Umstande, daß nicht erkennbar hervortritt, ob der Auslobende ein Interesse an dem

---

[1] Siebenhaar-Pöschmann II, 79 verlangt zur Gültigkeit derartiger Versprechen, daß sie „präcis gestellt und erfüllbar" sind. Er scheint anzunehmen, daß schon hieraus die Ernstlichkeit des Verpflichtungswillens erkennbar hervortrete.

[2] Schütze 52, hierzu Sintenis, Anleitung 216; Förster I, 438; Exner 338.

[3] Hasenöhrl II, 5 verlangt nicht einmal ein Interesse am Zustandekommen der Leistung.

[4] Ihering in s. Jahrb. IV, 99; Seuffert Pa. 65; Hasenöhrl II, 5; Exner 341; Schott 143[246]; E. Mot. Bay. 229; E. Mot. II, 518; Gruchot XIII, 716; treffend auch Eccius I, 411[8]; Förster I, 438; Koch, Allg. Landr. I, 980[84]; Hartmann, Bd. 73, 375. Zu weit geht meines Erachtens Dernburg Pa. II, 3. Aufl., S. 24[9], wenn er behauptet, daß die Leistung notwendig eine „nützliche" sein müsse.

4*

Zustandekommen der Leistung hat, noch nicht, daß er nicht ein solches daran haben kann.[1]

Was die andere in der Litteratur erörterte Frage betrifft, ob eine Auslobung verbindlich sei, deren Besonderheit darin besteht, daß der Auslobende ein Interesse an der Nichterfüllung der Leistung hat, so wird dieselbe von den Schriftstellern teils verneint,[2] teils bejaht. Die erstgenannte Gruppe begründet ihre Meinung aus einem doppelten Gesichtspunkte.

Schütze spricht den bezeichneten Auslobungsfällen die Verbindlichkeit deswegen ab, weil hier Ernstlichkeit des Verpflichtungswillens nicht anzunehmen sei, da der Auslobende in keiner Weise ein Interesse an der Erfüllung der Bedingung habe, ja im Gegenteil an deren Nichterfüllung wesentlich interessiert sei.[3]

Zur Widerlegung beziehe ich mich auf das vorher Gesagte. In der Mehrzahl der Fälle entspricht es dem Wunsche der Auslobenden, wenn der Nachweis mißlingt, daß beispielsweise einer von ihm zum Vertrieb hergestellten Ware gewisse, deren Preis und Güte beeinträchtigende Eigenschaften innewohnen. Aber es giebt doch Fälle, in denen das Publikum gar nicht beurteilen kann, ob und welche Interessen er verfolgt,[4] und dann: darf man hieraus ohne weiteres schließen, daß er nicht willens sei, falls der Nachweis erbracht würde, die versprochene Prämie zu zahlen? Richtig bemerkt Kuntze:[5] „Der Zusagende hat zunächst die Absicht, dem Publikum zu imponieren und es anzulocken. Er schmeichelt sich daneben mit der Hoffnung, daß niemandem der Versuch der Erfüllung einfallen oder gelingen werde. Er hofft mithin, nicht in die Lage des Zahlens versetzt zu werden. Allein dies kann nimmermehr so gedeutet werden, als habe der Zusagende keinen ernsten Willen, sich zu obligieren. Er würde vielmehr, hätte er diesen Willen nicht, mit sich selbst in Widerspruch treten; denn seine Absicht ist, das Publikum anzulocken. Dazu muß er sich eines geeigneten Willens bedienen wollen; ungeeignet würde die öffentliche Zusage aber sein, wenn das Publikum wüßte und allgemein annehmen müßte, daß diese Zusage lediglich eine Scheinzusage wäre.“ Ähnlich spricht sich

---

[1] Mommsen II, 136.

[2] Kuntze zu Holzschuher III, 301 zählt derartige Versprechungen nicht zu den Auslobungen im gewöhnlichen Sinne, hält sie aber doch für klagbar.

[3] Zustimmend Vangerow III, § 603, Nr. 7, dagegen Hasenöhrl II, 11; Kirchstetter 434[16]; Siebenhaar-Pöschmann II, 79; Seuffert Pa. 65; Ihering in s. Jahrb. IV, 99; Exner 339; Windscheid II, 163[9]; Unger I, 370; Goldschmidt XIII, 340; Hofmann 42; Tschirner 133; E. Mot. II, 520.

[4] Ihering i. s. Jahrb. IV, 99.

[5] Kuntze zu Holzschuher III, 301.

Exner[1] aus: „Muß denn jeder Fabrikant,“ so fragt er, „der für eine gewisse Leistungsfähigkeit seines Produktes mit einer gewissen Prämie öffentlich einsteht, notwendig ein Prahler und Marktschreier sein?“

Regelsberger[2] kommt indes, wenngleich auf anderem Wege, zu dem gleichen Resultate, wie Schütze. Derartige Zusagen tragen nach seiner Meinung den Charakter einer Wette an sich: „Der Auslobende wettet gewissermaßen mit jedem aus dem Volke, daß seine Ware die gepriesenen Eigenschaften habe, oder daß ihn niemand besiegen werde.“ Der Fall unterscheide sich von der Wette jedoch insofern, als sich in demselben nur der eine Teil zur Zahlung einer Summe verpflichte.

Derselben Ansicht ist Ihering,[3] welcher für diese halbe Wette, weil sie an alle Menschen gerichtet, den Namen „Popularwette“ aufgebracht hat. Die Rechtsfolgen aber, welche von den beiden Schriftstellern aus jener Auffassung gezogen werden, sind einander gerade entgegengesetzt.

Regelsberger glaubt, daß die Unverbindlichkeit derartiger Auslobungsfälle sich aus dieser Konstruktion ergebe. Ihering schließt auf das Gegenteil.[4]

Die Begründung Regelsbergers[5] geht davon aus, daß der Gesetzgeber, welcher für notwendig befunden hat, Spiel und Wette in ihrer regelmäßigen Gestalt beschränkenden Bestimmungen zu unterwerfen, derartigen Abarten keineswegs Gültigkeit verleihen wird.

Ihering[6] dagegen meint: wenn einmal die Zulässigkeit des bedingten Versprechens in incertam personam und die Klagbarkeit der Wette andererseits anerkannt sei, so könne man nicht absehen, warum die Kombination beider: die Popularwette nicht klagbar sein sollte. Hofmann,[7] welcher auch die Ähnlichkeit unserer Auslobungsfälle mit der Wette groß genug hält, um eine Analogie zu rechtfertigen, schließt sich ihm an. Ich darf wohl davon absehen, beide Ansichten auf ihre Richtigkeit zu prüfen, da ich die Zusammenstellung dieser Fälle mit der Wette überhaupt für verfehlt er-

---

[1] Exner 339.

[2] Regelsberger 206, dagegen Windscheid II, 164[9].

[3] Ihering i. s. Jahrb. IV, 100, ebenso Seuffert Pa. 65; Sintenis Anleitung 215.

[4] Wie Regelsberger auch Gruchot XIII, 718; Koch, Allg. Landr. I, 980, welche aus diesem Grunde die Rechtsgültigkeit jener Fälle nach preußischem Recht bestreiten. Gegen Regelsberger Kirchstetter 434; Windscheid i. d. Krit. Viertelj. Schr. X, 157; Stobbe III, 103[9]; Hasenöhrl II, 11; Kuntze zu Holzschuher III, 302; Hofmann 42; Windscheid II, 164[9]; Goldschmidt XIII, 346.

[5] Regelsberger 207.

[6] Ihering i. s. Jahrb. IV, 100.

[7] Hofmann 42.

achte; denn sie lassen das eine zum Begriff der Wette erforderliche Merkmal vermissen, daß beiden Teilen die Möglichkeit des Gewinnes in Aussicht steht.[1]

Zuletzt ist noch darauf hingewiesen worden, daß die in Frage stehenden Fälle der Auslobung sich als Strafverabredungen des Auslobenden darstellen. So hebt insbesondere Unger hervor, daß jede solche Versprechung als eine der Konventionalstrafe parallel gehende, einseitige Strafzusicherung erscheine, indem der Auslobende sich selbst für einen gewissen Fall eine Strafzahlung an eine vorläufig noch unbestimmte Person auflege.

Regelsberger bestreitet dies, da ein wesentliches Kennzeichen der Strafverabredung: für die Erfüllung der Verpflichtung Sicherheit zu gewähren, fehle. Vangerow andererseits ist zwar der Meinung, daß es sich um ein derartiges Strafzahlungsversprechen für einen unerwünschten Fall handle. Er glaubt aber, daß hier keine Auslobung vorliege: der Unterschied sei einmal darin zu finden, daß bei der Auslobung die Belohnung sich als Gegenleistung für eine gewünschte Leistung darstelle, was bei dem fraglichen Strafzahlungsversprechen nicht stattfinde, und dann sei die Zusage bei letzterem nicht als Vertragsanerbieten aufzufassen, sondern nur als Aufforderung zur Abschließung eines Strafzahlungsvertrages.

Aus welchem Grunde Regelsberger leugnet, daß jenes Moment der Sicherung in den fraglichen Fällen fehle, ist mir unerfindlich. Gegen Vangerow aber genügt es, auf das von mir über die juristische Konstruktion der Auslobung Bemerkte zu verweisen. Die genannten Fälle sind echte Fälle der Auslobung. In der Regel haben sie den Charakter von Strafzusicherungen. Hieraus aber irgend welche Folgen für ihr Wesen zu ziehen, läßt sich nicht billigen.[2]

Weiter soll für die Entscheidung der Frage, ob eine Auslobung ernstlich gemeint sei oder nicht, auch das Wertverhältnis zwischen Leistung und Preis maßgebend sein.[3] Ernstlichkeit des Willens soll vorliegen, wenn jenes angemessen erscheint; das Gegenteil sei anzunehmen, wenn zwischen Preis und Leistung ein erhebliches Mißverhältnis besteht.

Meines Erachtens ist die Entscheidung der Frage nach der Ernstlichkeit oder Nichternstlichkeit des Verpflichtungswillens dem richterlichen Ermessen anheimzustellen. Sind doch die einzelnen Auslobungsfälle in concreto so verschieden, daß es unmöglich ist,

---

[1] Hasenöhrl II, 11; Exner 339; Gruchot XIII, 711x. Dagegen auch Kirchstetter 434[16].

[2] Hasenöhrl II, 11.

[3] Schütze 49; Förster I, 438; Kuntze zu Holzschuher III, 302.

eine bestimmte, alle umfassende Regel aufzustellen.[1] Jene Momente, welche die Schriftsteller aufgestellt haben, sind wertvoll und werden dem Richter in vielen Fällen als Maßstab dienen. Aber sie genügen keineswegs, um in jedem Falle zu einer richtigen Entscheidung zu führen. So entbehren sicher solche Auslobungen, welche sich als leere Markschreiereien, Prahlereien und offenbare Übertreibungen, oder als „vage Anpreisungen" — wie es in der Entscheidung des R.O.H.G. IV, 161 heißt — jeder Rechtsverbindlichkeit.[2] Daß aber Auslobungen zur Befriedigung „individueller Launen und Grillen" stets ungültig sein müßten, möchte ich nicht behaupten.[3]

Hierdurch erledigt sich auch von selbst die Frage nach der Abgrenzung der rechtsverbindlichen Auslobung von der unverbindlichen, der „unechten", „Pseudo"-Auslobung, wie Schütze[4] sagt, in durchaus zweckentsprechender Weise.

2. ein im Wege öffentlicher Bekanntmachung abgegebenes Versprechen. Das Versprechen muß also mit der Möglichkeit der Wahrnehmung für unbeteiligte Dritte erfolgen.[5] Im übrigen ist es gleichgültig, in welcher Weise sonst die Veröffentlichung geschieht, ob durch Ausrufen einer hierzu ermieteten Person oder durch die mündliche Rede des Auslobenden selbst, ob durch Mitteilung in den Zeitungen oder durch Anschläge an den öffentlichen Säulen oder den zur Veröffentlichung von Bekanntmachungen der Behörden dienenden Tafeln.[6] Hiernach sind in „Privatzirkeln" gemachte Ver-

---

[1] Koeppen XI, 55; Hartmann Bd. 73, 374; E. Mot. II, 520.

[2] Schütze 72, welcher noch von „Possenreißerei, Mystifikation" spricht; Regelsberger 207; Windscheid II, 164[9], in der Krit. Viertelj. Schr. X, 158; Gengler 437; Förster I, 438; Puchelt, Kommentar II, 197; Goldschmidt XIII, 340; Hofm. 42, der dort aber sehr treffend bemerkt, „daß es keiu Unglück ist, wenn ein dreister Marktschreier einmal beim Worte genommen wird."

[3] Dagegen Karlowa 277; Windscheid II, 164[9a]; gegen diese Hasenöhrl II, 11.

[4] Schütze 46; Hofmann 41 und 44, welcher übrigens die Lehre von der Auslobung noch für so unfertig hält, daß die Frage nach der Begrenzung offen bleiben müsse, scheint eine engere Begrenzung der Auslobung zu wünschen, ebenso Bekker II, 356, dagegen auch Karlowa 276.

[5] Schon wegen des Mangels dieses Begriffsmerkmals können die von Hofmann 44 f. erwähnten Beispiele nicht den Auslobungen zugezählt werden. Hasenöhrl II, 12[36].

[6] Stobbe III, 102; Hasenöhrl II, 12; Ihering in s. Jahrb. IV, 101; Schütze 53; Völderndorff XXV, 177; E. Mot. II, 519 und die dort in Anm. 3 Citierten. Bei den Römern scheint es, abgesehen vom Ausrufenlassen durch Sklaven, üblich gewesen zu sein, derartige Versprechungen durch Anschreiben an die Außenseiten der Häuser zur öffentlichen Kenntnis zu bringen. Dies lehren namentlich die neueren Ausgrabungen in Italien. Eine Diebstahlsanzeige mit dem Versprechen einer Belohnung für den Wiederbringer des entwendeten

sprechungen keine Auslobungen und ohne Annahme seitens der Anwesenden nicht verbindlich.[1]

3. ein öffentlich abgegebenes Versprechen an jeden aus dem Volke, bezw. an einen Kreis desselben. Würde jemand danach im Wege öffentlicher Bekanntmachung einer bestimmten Person etwas versprechen, so erwächst dieser Person ein Anspruch nur durch die Annahme desselben. Eine Auslobung liegt also nicht vor, wenn ein Vater seinem Sohne, welcher ihn etwa aus Furcht vor Strafe verlassen hat, und dessen Aufenthalt ihm unbekannt ist, neben seiner Verzeihung für den Fall der Heimkehr ein Geschenk öffentlich verspricht.

Natürlich kann der Kreis der Personen, welche zur Erfüllung der gewünschten Thätigkeit aufgefordert werden, nach Maßgabe des im Auslobungsversprechen niedergelegten Willens des Auslobenden oder der Natur der auszuführenden Leistung bald weiter, bald enger sein.[2]

4. Das Versprechen einer Leistung. Sie bildet den Gegenstand des Forderungsrechtes desjenigen, welcher in der vom Auslobenden verlangten Weise thätig wird. Im allgemeinen ist daher auch für jene Leistung nur erforderlich, daß sie den Voraussetzungen entspricht, welche das gemeine bezw. das betreffende Partikular-Recht für den Gegenstand des Forderungsrechtes statuiert.[3] So muß die versprochene Leistung namentlich bestimmt sein. Hierzu genügt,

---

Gegenstandes teilt Schöner in einem, in der Beilage zur Augsb. Allg. Zeitung vom 8. Juli 1875 enthaltenen Aufsatz über Pompeji mit. Kuntze, Inhaberp. I, 42[7]; Tschirner 21 f., 25.

[1] Schmidt I, 376. Aus diesem Grunde — die Belohnung war in einem Privatscriptum versprochen worden — konnte von dem bei Rönne I, 937 aus der Themis, Jur. Zeitschr. f. d. Preuß. Staaten, herausg. v. Straß, von 1838, Beibl. S. 89 mitgeteilten Rechtsfalle von Auslobung keine Rede sein.

[2] Sohm XVII, 49[25a]; Hoffmann zitiert im § 21, Dan. Moller in Semestr. l. 4, C. 40, ubi elegantem casum habet, ubi Titius accusatur a piscatoribus vicini oppidi N, quod in flumine quopiam piscatum fuisset, ubi id ei non licuisset, constanter id negavit, asserens praeterea ne pede quidem flumen illud totius anni spatio se attigisse, quod si contrarium probari posset, XX poenae nomine piscatoribus se daturum. Duobus igitur testibus productis qui affirmabant se non ita dudum eum in praedicto flumine et quidem eo ipso tempore quod in libello piscatorum fuerat expressum, non quidem piscantem, sed tamen cum retibus et aliis instrumentis piscatoriis vidisse, quaerebatur, num XX, quae promiserat, recte ab illo peterentur. Hier liegt weder eine Auslobung, noch eine Pollizitation, wie die älteren Schriftsteller vielfach behauptet haben, vor; denn abgesehen davon, daß das Versprechen wohl kaum als öffentliches angesehen werden dürfte, ist es insbesondere an bestimmte Personen, die prozessierenden adversarii, gerichtet. Ebenso Zabel § 70.

[3] Ihering i. s. Jahrb. IV, 101.

daß sie nur zur Zeit der Erbringung sich genau feststellen läßt. Denn es giebt Fälle, in denen dies nicht einmal von Anfang an möglich ist. Bestimmtheit liegt vor, falls ein „erheblicher", „namhafter", „angemessener" Lohn versprochen wurde. Selbst wenn eine Belohnung schlechthin in Aussicht gestellt war, ist die Auslobung nicht notwendig unverbindlich.

Die Bestimmung der Art und Höhe der Belohnung kann auch einem oder mehreren Dritten oder einem der Beteiligten überlassen werden. In allen Fällen ist das billige Ermessen maßgebend.[1] Die zugesicherte Leistung muß natürlich auch erlaubt sein. Rechtlich unwirksam wäre also ein öffentlich abgegebenes Versprechen, diejenige ehelichen zu wollen, welche in gewisser Weise thätig werden würde.[2]

Daß die Leistung immer in Geld bestehen oder einen Geldwert haben muß, ist natürlich nicht erforderlich.[3]

5. ein öffentlich abgegebenes Versprechen einer Leistung an den, welcher eine gewisse andere Leistung erbringen werde. Das Versprechen ist mithin unter einer Bedingung abgegeben. Diese besteht in der Ausführung der Thätigkeit von Seiten dessen, der den Preis beansprucht. Einzelne Schriftsteller sprechen anstatt von „Leistung" von „Erfolg" oder „Handlung" oder „Dienstleistung" oder „Thätigkeit", ohne indes diesen Worten eine unterschiedliche Bedeutung beizulegen. Die Bedingung ist stets eine Suspensivbedingung.[4] Der Auslobende will erst dann die Belohnung zahlen, wenn die Leistung erbracht ist. Die Bedingung selbst, welche, wie Wendt[5] richtig bemerkt, „die causa promittendi" enthält, stellt sich dem Begriffe der Auslobung nach als Potestativbedingung[6] dar; denn nur wer in gewisser Weise thätig werden würde, soll den Preis empfangen. Die Behauptung Wolfs,[7] daß diese Potestativbedingung stets eine positive sei, ist nach dem früher Gesagten zurückzuweisen. Im übrigen kommen auch hier die allgemeinen Grundsätze über Bedingungen bei Verträgen zur Anwendung.[8] Insbesondere wird der Auslobende, wenn er absichtlich die Erfüllung der Bedingung vereitelt, so zu behandeln sein, als wenn die Bedingung erfüllt worden wäre.[9] Hasenöhrl,[10] welcher ohne Begründung den gegenteiligen

---

[1] Schütze 53; Regelsberger 203; Tschirner 129; Ihering in s. Jahrb. VII, 177; Gruchot XIII, 722[4].

[2] Hasenöhrl II, 12; Exner 341. [3] Hofmann 41.

[4] Hasenöhrl II, 12; Wolf 107; Brinz II, 1, S. 556.

[5] Wendt 188. [6] Ihering i. d. Jahrb. IV, 98.

[7] Wolf 107. [8] Hasenöhrl II, 12[4].

[9] l. 161 D L, 17; Ihering i. s. Jahrb. IV, 98; Wolf 107; dag. Hasenöhrl II, 13. [10] Hasenöhrl II, 13[41].

Satz vertritt, glaubt aus demselben herleiten zu können, daß ein Athlet, welcher demjenigen, der ihn im Ringkampf überwinden werde, eine Belohnung versprochen hat, und welcher dann trotzdem den Eintritt in den Wettstreit verweigert, dem sich Meldenden den Preis nicht zu zahlen brauche.[1]

Diese Ansicht Hasenöhrls ist um so auffallender, als er doch die Auslobung für unwiderruflich hält, das Verhalten jenes Athleten aber einem Widerrufe gleichkommt.

Die verlangte Leistung selbst muß ebenfalls genügend bestimmt,[2] erlaubt[3] und möglich[4] sein.

In der Litteratur ist des besonderen noch die Frage erörtert worden, ob die Leistung einen Vermögenswert haben müsse.[5] Hiergegen hat sich Exner[6] unter Bezugnahme auf Windscheid, 6. Aufl., II, § 250³, S. 4, wo die Streitfrage, namentlich in der zugehörigen Anmerkung, eingehend erörtert wird, ausgesprochen. Seiner Ansicht schließe auch ich mich nicht nur für das gemeine, sondern auch für das sächsische Recht an.[7]

Gleichgültig ist, ob die Leistung an den Auslobenden selbst geschieht oder an einen anderen gemäß dem Willen des Auslobenden.[8]

Übrigens wird die Auslobung nicht nur von mir, sondern auch von einzelnen Anhängern der Vertragstheorie als bedingtes Versprechen aufgefaßt, indes wohl von diesem Standpunkte aus nicht zutreffend; denn insoweit diese Schriftsteller meinen, daß das Vertragsanerbieten durch Erfüllung der Bedingung acceptiert wird, stellt sich diese Bedingung als solche dar, wie sie beim Abschlusse eines jeden Vertrages erscheint: die Perfektion eines Vertrages ist eben durch Annahme des Anerbietens bedingt. Hiernach ist die Bedingung aber eine juristische, eine condicio tacita.[9]

---

[1] Zu demselben Ergebnis, wie Hasenöhrl, kommen, wenngleich von anderen Gesichtspunkten aus, Regelsberger 205; Tschirner 110.

[2] Regelsberger 202; Dabelow 140; Schütze 54; Ihering i. s. Jahrb. VII, 177, 379; E. Bay. Art. 754; E. Hess. 198; E. Mot. Hess. 108.

[3] Exner 340; Regelsberger 202; Gruchot XIII, 715; Seuffert, Bl. f. R.A. XXII, 12; Windscheid II, 164 und 164⁹ᵃ; Hasenöhrl II, 12, welcher mit Recht gegen Schütze 72 und Tschirner 128 an der Unerlaubtheit einer Leistung für das Zustandekommen einer Ehe festhält.

[4] Regelsberger 202; Gruchot XIII, 715.

[5] Dafür Regelsberger 201; Hofmann 41; Wolf 101.

[6] Exner 331; Karlowa 276.

[7] Ebenso Sintenis, Anleitung 215; Grützmann, Lehrbuch II, § 123, S. 2.

[8] Hasenöhrl II, 5.

[9] Hauser XII, 49; Schütze 65⁴⁷; gegen Schütze Tschirner 103 f. — Andere Gründe gegen die Auffassung der Auslobung als bedingtes Vertragsanerbieten bringen vor Exner 345; Regelsberger 204; Völderndorff XXV, 181.

Aus der Bedingtheit des Versprechens folgt, daß eine unbedingte Zusage, auch wenn sie öffentlich abgegeben wurde, unter dem Gesichtspunkte der Auslobung rechtliche Wirksamkeit nicht in Anspruch nehmen kann.[1]

§ 10. Die wichtigsten Rechtssätze.

Die Auslobung ist ein in sich vollendetes Rechtsgeschäft.[2] Hieran ändert auch der Umstand nichts, daß der Gläubiger noch nicht für den Auslobenden erkennbar existent geworden ist; denn die dem Versprechen hinzugefügte Bedingung bestimmt ihn genügend. Derjenige, welcher diese erfüllt, ist demnach berechtigt, die versprochene Belohnung zu verlangen,[3] der Auslobende dagegen von diesem Augenblicke an verpflichtet, sie zu gewähren.[4] Nur in diesem Sinne möchte die Bemerkung Siegels, daß mit der Leistung das Schuldverhältnis entstanden sei,[5] gerechtfertigt erscheinen, weshalb diese Ausdrucksweise auch mit Recht als irreführend getadelt wird.[6] Durch die Erfüllung der Bedingung bestimmt sich vielmehr lediglich ob die Auslobung mit Wirksamkeit zu stande gekommen ist.[7] Sonach wird also der, welcher die in der Auslobung gesetzte Bedingung erfüllt, forderungsberechtigt.[8]

1. Das Rechtsverhältnis zwischen dem Auslobenden und dem Erbringer der gewünschten Leistung gestaltet sich einfach, wenn nur eine Leistung erbracht werden kann, und nur ein Leistender dem Auslobenden gegenübersteht.[9] In diesem Falle empfängt, wenn

[1] Ihering in s. Jahrb. IV, 100.

[2] Köppen XI, 364.

[3] Hasenöhrl II, 15; Kirchstetter 433; Eccius I, 411; Gruchot XIII, 721; E. Bay. 754; E. Francke 681; E. 581, Abs. 1, I. Lesung; 598, II. Lesung; E. Mot. II, 518. — Mit Recht bemerkt Kirchstetter 434, daß Ansprüche auf teilweise Belohnung oder auf Entschädigung wegen teilweiser Erfüllung der Leistung ausgeschlossen sind. Hasenöhrl II, 13.

[4] Behrend in s. Ztschr. 191, welcher die Frage anregt, ob die Leistung von einem willensfähigen Subjekte ausgehen müsse, meint mit Recht, diese Frage sei eine solche der Interpretation bezw. der thatsächlichen Feststellung. In der Regel dürfte sie allerdings zu bejahen sein.

[5] Siegel 104. [6] Hasenöhrl II, 16[49]; Stobbe III, 103.

[7] Vgl. Karlowa 274.

[8] Dagegen entsteht in seiner Person weder vor, noch nach der Leistung eine Verpflichtung, Ihering in s. Jahrb. IV, 97; auch hat der Auslobende keine Klage auf Erfüllung der Leistung, selbst nicht der bereits begonnenen. Kirchstetter 434; Siegel 104; Hasenöhrl II, 13; Förster I, 439.

[9] E. Mot. Bay. 230; E. Mot. Hess. 109; Völderndorff XXV, 183.

nur die Leistung den Anforderungen der Auslobung entspricht, deren Erbringer die ganze Leistung.

2. Haben zur Erbringung dieser einen möglichen Leistung mehrere Personen mitgewirkt, so hat der Auslobende, da die ausgesetzte Belohnung im Zweifel nur einmal zu zahlen ist,[1] dieselbe „unter Berücksichtigung des Anteils eines jeden an dem Erfolge nach billigem Ermessen unter sie zu verteilen". Die ganz oder teilweise vollzogene Teilung kann gegen den Auslobenden im Prozeßwege angefochten werden.[2][3] Wird aber vor vollzogener Teilung der in Aussicht genommene Teilungsmodus von einem der Beteiligten nicht anerkannt, so bietet sich dem Auslobenden das Auskunftsmittel der Deposition der ausgelobten Summe, indem er es dann jenen überläßt, den Streit unter sich zum Austrag zu bringen.[4]

3. Können gemäß der Auslobung mehrere Leistungen erbracht werden, welche möglicherweise den in der Auslobung gestellten Anforderungen entsprechen, so ist zu unterscheiden, ob eine Preisausschreibung im engeren Sinne vorliegt oder nicht.

a) Die Preisausschreibung, um kurz ihren Begriff zu erörtern, definiert Kuntze[5] als „eine öffentliche und an einen Kreis von Personen gerichtete Zusage eines Ehrenpreises für die Leistung eines preiswürdig befundenen Werkes". Er hält sie zwar für verbindlich, leugnet aber, daß sie zu den Auslobungen gehöre, weil der Preis nicht, wie dort, den Charakter eines Entgelts oder Äquivalents für die Leistung und diese selbst kein spezielles Interesse für den Zusagenden habe, sondern nur allgemeinen Interessen der menschlichen Gesellschaft diene. Den letzten Einwand habe ich früher als unzutreffend zurückgewiesen. Mir erscheint auch der andere nicht durchgreifend.

---

[1] Ebenso Exner 351; Regelsberger 210; Schütze 55; Pagenstecher 386; Siebenhaar-Pöschmann II, 79; E. Mot. Bay. 231; Schott 141; Vangerow III, § 603, Nr. 6; Hasenöhrl II, 16; Völderndorff XXV, 184 und Steppes, XXV, 186[6]; Rivier I, 204; Tschirner 131; Girtanner 164 und hierzu richtig Schütze 56[26]. Danach werden auch die Auslobungen, in welchen „Nichtabschließbarkeit der Leistung" vorliegen soll, Schütze 50, auf ein Mindestmaß reduziert. Ob in ihnen Ernstlichkeit des Willens vorliegt, ist nach Maßgabe des konkreten Falles zu entscheiden. E. Mot. II, 523. Gegen Schütze 51 richtig Hasenöhrl II, 16[50].

[2] E. 591, Abs. 2, Satz 2, II. Lesung gestattet dies nur, wenn die Verteilung „offenbar unbillig" ist.

[3] Nach dem E. 591, Abs. 2, Satz 1, II. Lesung ist die Klage nicht gegen den Auslobenden, sondern gegen den, welcher zu viel erhalten haben soll, zu richten. Siehe auch Grützmann, Arch. III, 685.

[4] E. II. Lesung, 591, Abs. 2 a. E.; Bähr 82; die Zusammenstellung der Äußerungen der Bundesregierungen 72 und Dernburg Pa. II, 3. Aufl., S. 25[11].

[5] Kuntze zu Holzschuher III, 300.

Die Preisausschreibung hat allerdings gewisse Eigentümlichkeiten vor den andren Auslobungen. Der Unterschied, welcher insbesondere in der Beschaffenheit der Leistung als einer wissenschaftlichen, litterarischen, technischen oder künstlerischen liegt, ist indes kein derartiger, um die Preisausschreibung von der Auslobung zu sondern.[1] Sie stellt sich vielmehr als eine Unterart der Auslobung dar.[2] Ihre Eigentümlichkeit äußert sich vorzüglich darin, daß hier die Zeit festgesetzt sein muß, innerhalb welcher die Bedingung zu erfüllen ist.[3] Würde doch in Ermangelung dieses Erfordernisses die Preisauschreibung eines wesentlichen Bestandteiles entbehren. Der Auslobende würde, da ihr Zweck und Wesen darin besteht, möglichst viele und vorzügliche Geister zur Lösung des gestellten Problems anzuregen, im Falle nicht ausdrücklicher und wenigstens stillschweigender[4] Angabe des Endtermins der Erfüllung die Möglichkeit haben, sich seiner Verbindlichkeit zur Entscheidung über die eingegangenen Arbeiten zu entziehen, indem er stets vorschieben könnte, daß noch bessere Arbeiten einlaufen dürften.[5]

Ist aber eine rechtsverbindliche Preisbewerbung vorhanden, so steht zunächst fest, daß Arbeiten, welche nach dem festgesetzten Termine einlaufen, nicht mehr berücksichtigt werden können, wenn andere Mitbewerber vorhanden sind.[6] Wer aber innerhalb der festgesetzten Zeit leistet, erwirkt vorerst Anspruch auf Zulassung zur Konkurrenz mit den anderen Bewerbern.[7] Von ihnen allen erhält derjenige den Preis, welcher die vorzüglichste Leistung erbracht hat.[8] Sind mehrere Preise ausgesetzt, so sind dieselben im Zweifel den besten Arbeiten nach ihrer Güte zuzuerkennen.[9]

---

[1] Kuntze zu Holzschuher III, 300; dagegen Regelsberger 201; Siegel 91[2]; E. Mot. II, 523.

[2] Annalen d. K. S. O.L.G. IV, 255.

[3] Regelsberger 202; Prß. Ldr. I, 11, § 989; Völderndorff XXV, 187[9]: Gruchot XIII, 719; E. Bay. 758; E. Francke 682; E. 584, Abs. 1, Satz 1, I. Lesung; 592, Abs. 1, II. Lesung; E. Mot. II, 524.

[4] Auch der Entwurf, welcher im § 584, Abs. 1, Satz 1, I. Lesung; § 592, Abs. 1, II. Lesung bestimmt, daß die Zeitbestimmung in der Bekanntmachung enthalten sein muß, fordert nicht ausdrückliche Festsetzung eines Zeitpunktes.

[5] E. Mot. Bay. 231; E. Mot. II, 523.

[6] So Kirchstetter 434 und für das preußische Recht: v. Werdermann I, 159; Förster I, 439; Bornemann III, 349; Prß. Landr. I, 11, § 992. — E. Mot. II, 524; Rößig § 5, S. 282.

[7] Eccius I, 411.

[8] Gruchot XIII, 719; E. Francke 684; Dernburg, Pa. II, 3. Aufl. S. 25[11].

[9] E. Hess. 201; E. Mot. Hess. 109; E. Mot. Bay. 231. Im Entwurf 1. und 2. Lesung des Bürgerl. Gesetzbuchs für das Deutsche Reich ist dieser Punkt nicht berührt.

Darüber aber, wer die vorzüglichste Arbeit geliefert hat, entscheidet die in der Auslobung genannte Person. Dies kann der Auslobende selbst sein, oder aber ein von diesem ernannter Dritter oder eine Mehrheit solcher.[1] Der Hessische und Bayrische Entwurf[2] ordnen für den Fall, daß eine derartige Bestimmung in der Auslobung nicht enthalten ist, an, daß dann über die Güte der Leistung Sachverständige zu erkennen haben und zwar zunächst die, auf welche sich die Bewerber geeinigt haben, eventuell drei von amtswegen zu bestimmende.

Als Grund wird die Erzielung möglichster Unparteilichkeit angegeben. Die Motive des Entwurfs eines Bürgerlichen Gesetzbuchs für das Deutsche Reich[3] bemerken dagegen, daß eine solche Bestimmung nicht mit dem Willen des Auslobenden im Einklang steht. In der That wird man auch in diesem Falle dem Auslobenden selbst, wenn er an der Erbringung der Leistung kein wesentliches Interesse hätte, das Recht der Wahl zusprechen müssen. Denn er verlangt eine Leistung, welche ihm als die vorzüglichste erscheint. Wollte er, daß andere darüber entscheiden, so würde er eben diesen die Entscheidung übertragen haben.

Sind von den mehreren Arbeiten einzelne gleich preiswürdig erfunden worden, so erhält, wenn mehrere Preise ausgesetzt sind und alle die gleiche Höhe haben, jeder einen Preis. Sind die ausgesetzten Preise aber verschieden hoch, so werden sie addiert und ihre Gesamtsumme gleichanteilig unter die siegreichen Bewerber verteilt. Würden also drei Preise zu 1000, 500 und 250 ausgesetzt sein, und zwei Bewerber hätten gleich vorzügliche Arbeiten geliefert, so würde jeder 750 Mk., die drittbeste Arbeit aber 250 Mk. erhalten.

Ist der ausgesetzte Preis nicht teilbar, so ist in mehreren Entwürfen[4] auch in den Fällen, in denen der Auslobende dies nicht selbst bestimmt, bez. die Parteien sich nicht auf das Los geeinigt haben,[5] die Entscheidung durch das Los angeordnet worden.[6] Dies dürfte in der That die richtige Lösung sein, wenngleich in den Motiven zum Entwurf eines Bürgerl. Gesetzbuchs für das Deutsche

---

[1] Förster I, 439; Eccius I, 411; E. 584, Abs. 2, Satz 1, I. Lesung; 592, Abs. 2, Satz 1, II. Lesung.

[2] E. Hess. 203, 205; E. Mot. Hess. 109; E. Bay. 760; E. Mot. Bay. 231.

[3] E. Mot. II, 524, aber auch Gruchot XIII, 721; Spez. Mot. z. E. Sächs. B.G.B. 1861, 758.

[4] E. Hess. 202; E. Mot. Hess. 109; E. Francke 684, Abs. 2; E. Bay. 758; E. 583, Abs. 2, Satz 3 verbunden mit 584, Abs. 3, I. Lesung; 591, Abs. 3 verbunden mit 592, Abs. 3, II. Lesung.

[5] E. Mot. II, 523.

[6] Dagegen Tschirner 130; Gruchot XIII, 720; Lang II, 188.

Reich zutreffend gesagt wird, daß die Entscheidung durch das Los „möglichst zu vermeiden“ sei; denn es kann nicht geleugnet werden, daß dieselbe stets eine gewisse Härte für den verlierenden Teil in sich schließt. Andrerseits wieder darf eine Absicht auf Teilung sicherlich hier nicht angenommen werden,[1] und dann wird sich auch eine billigere Entscheidung kaum finden lassen.[2]

Die Frage, ob der Auslobende mit den übrigen Preisbewerbern um den Preis konkurrieren darf, ist beantwortet, wenn er sich dies in der Auslobung vorbehalten hat. Für den anderen Fall bestimmt das preußische Recht das Gegenteil.[3] Nach gemeinem Recht ist meines Erachtens der Fall, wo der Auslobende die Entscheidung über die Preisbewerbung selbst treffen will, von dem anderen zu unterscheiden, wo er ein Preisrichterkollegium zum Fällen des Urteils berufen hat.[4] Ich würde die Frage in jenem Falle verneinen, während mir im anderen kein Bedenken gegen die Bejahung vorzuliegen scheint.

Fraglich ist weiter, ob den Teilnehmern an der Preisbewerbung gegen das Urteil ein Anfechtungsrecht zusteht. Das preußische Recht und der Entwurf eines Bürgerlichen Gesetzbuchs für das Deutsche Reich verneinen die Frage.[5] Dieser Standpunkt ist auch für das gemeine Recht der richtige, mag nun der Auslobende die Entscheidung treffen oder ein Preisrichterkollegium urteilen. Letzterenfalls bekundet der Auslobende durch Niedersetzung des Preisrichterkollegiums, daß die Entscheidung gerade dieser Richter seinem Willen entspricht. Natürlich ist in dem vorbesprochenen Falle die Anfechtung des Richterspruches gestattet, wenn ihn Zwang, Betrug oder Irrtum herbeigeführt haben,[6] und zwar selbst dann, wenn der Auslobende hinterher der Entscheidung doch seine Zustimmung erteilen wollte; denn dadurch, daſs er die Entscheidung Dritten übertrug, hat er auf eine eigne stillschweigend verzichtet und kann dieselbe demnach auch hinterher nicht in An-

---

[1] E. Mot. Bay. 231.

[2] Auch Langs II, 188 Bemerkung, daß jeder Preis in seiner aestimatio teilbar sei, fördert nicht. Man denke an Fälle, in denen die mehreren Sieger völlig vermögenslos sind!

[3] Temme 197; v. Werdermann, I, 159; Förster I, 439; Bornemann III, 349x; Eccius I, 411; Rößig § 6, S. 282.

[4] Der Entwurf — I. und II. Lesung — schweigt über diese Frage.

[5] v. Werdermann I, 154; Temme 198; Bielitz II, 730; Prß. Landr. I, 11, § 994; Dernburg, Prß. Privatr., II, 4. Aufl., 26; Bornemann III, 349; Eccius I, 411; siehe ferner Rößig § 8, S. 283; E. Mot. II, 524; E. 584, Abs. 2, Satz 2, I. Lesung; E. 592, Abs. 2, Satz 2, II. Lesung.

[6] Dies hat meines Erachtens ebenso nach Preuß. Landr. und nach dem Entwurf zu gelten. E. des R.G. vom 26/9. 1883, Bd. XI, 281 f.; Dernburg, Preuß. Privatr. II, 4. Aufl., S. 27.

spruch nehmen. Dasselbe Resultat würde man erhalten, wenn man annimmt, daß zwischen dem Auslobenden und den Preisrichtern ein Auftragsvertrag dadurch zustande gekommen ist, daß der Auslobende Preisrichter zur gemeinsamen Entscheidung der Frage berufen hat, die welche Arbeit ihrer Ansicht nach die vorzüglichste sei, und jene den Auftrag acceptiert haben. Der Auslobende kann denselben zwar bis zur Abgabe des Urteils, als der Ausführung des Mandats, zurücknehmen. Sein Recht zur Rücknahme ist aber ausgeschlossen, sobald die Beauftragten ihre Entscheidung getroffen haben. Dann muß er ihr Urteil auch für sich gelten lassen.

Diese Frage wird übrigens von der nach der Widerruflichkeit der Auslobung nicht berührt.

Regelsberger[1] erörtert noch den Fall, wie zu entscheiden sei, wenn einer der Preisrichter stirbt oder die Ausübung seines Amtes nachträglich verweigert und in der Auslobung nicht bestimmt ist, wer dann einzutreten hat. Es ist daran gedacht worden, die Analogie des Schiedsspruches heranzuziehen. Wie hier, wenn ein arbiter wegfällt, das compromissum selbst hinfällig wird, so soll auch durch Wegfall eines Preisrichters die fragliche Auslobung entkräftet werden. Eine solche Analogie ist jedoch hier keineswegs am Platze.[2] Denn abgesehen davon, daß es nicht im entferntesten der Absicht des Auslobenden entspräche, wenn auf diese Weise die Auslobung hinfällig würde, so handelt es sich doch bei dem Preisrichterkollegium der Auslobung überhaupt nicht um eine Gemeinschaft, auf deren Schiedsspruch sich die Parteien geeinigt haben. Dasselbe ist vielmehr ohne Mitwirkung der Leistenden allein vom Auslobenden eingesetzt worden. Es wird deshalb zunächst zu fragen sein, ob nicht ohne den wegfallenden Preisrichter eine Entscheidung erfolgen kann. Sind z. B. von den drei ernannten Preisrichtern die beiden übrigbleibenden über die vorzüglichste Arbeit einer Meinung, so würde vielleicht die Ernennung eines dritten Preisrichters entbehrlich.[3] Ich glaube also, dafs der Wegfall eines oder einzelner Preisrichter einflußlos ist, wenn nur zwischen den übrigbleibenden Einstimmigkeit bezw. die Möglichkeit eines Mehrheitsbeschlusses

---

[1] Regelsberger 224.

[2] Dagegen auch Regelsberger 224; Kuntze zu Holzschuher III, 301; Gruchot XIII, 721; Erk. d. O.A.G. Lübeck von 1852 in Seufferts Archiv IX, 276. Eccius I, 411 hält jedoch diese Ansicht nach preuß. Recht für richtig. Eine Begründung giebt er nicht, scheint aber auch nicht an jene Analogie zu denken.

[3] Man müßte gerade darauf Gewicht legen, daß möglicherweise ein dritter Preisrichter den einen oder anderen der übrigen zu anderer Meinung bekehren könnte.

besteht.[1] Andernfalls ist es dem Auslobenden anheimzustellen, ob er auch selbst in das Kollegium eintreten, oder für den wegfallenden Preisrichter einen anderen ernennen, oder den übrigbleibenden Preisrichtern die Selbstergänzung überlassen will. Regelsberger[2] giebt dem Auslobenden das Recht der Zuwahl, den Bewerbern aber die Befugnis, gegen die neuernannten Preisrichter Einwendungen vorbringen zu dürfen, über deren Berechtigung dann der Richter zu entscheiden hätte. Diese Lösung scheint mir durchaus der Absicht des Auslobenden zu widersprechen.

Um endlich an dieser Stelle noch die Frage der Haftung des Auslobenden für Unversehrtheit der eingesandten Werke zu berühren, so bedarf es keiner Ausführung, daß der Auslobende die zur Preisbewerbung eingesandten Werke „während der Zeit, auf welche sie ihm in Gemäßheit des Ausschreibens zu überlassen waren, mit der von einem ordentlichen, aufmerksamen Hausvater anzuwendenden Sorgfalt gegen Beschädigungen zu schützen und nach Ablauf dieser Zeit in demjenigen Zustande, in welchem sie eingeliefert wurden, an ihre Urheber wieder auszuhändigen“ hat, es müßte denn in der Auslobung etwas anderes von ihm bestimmt worden sein.[3]

b) Liegt keine Preisbewerbung vor, so wird im Zweifel derjenige den Preis erhalten, welcher die Leistung zuerst erbringt.[4]

Wer also die Leistung später liefert, geht seines Anspruchs verlustig.[5]

Erbringen mehrere die Leistung gleichzeitig, so ist allerdings in gewissem Sinne niemand der erste. Falsch wäre es aber, mit Tschirner[6] zu meinen, der Preis würde keinem geschuldet. Die Belohnung ist vielmehr gleichanteilig unter die mehreren zu verteilen.[7] Bei unteilbarem Preise wird gelost werden müssen.[8]

---

[1] Regelsberger 225 erwähnt nur das letztere.

[2] Regelsberger 225.

[3] Ann. d. K. S. O.L.G. IV, 255, 258; Bielitz II, 730.

[4] Regelsberger 209; Hasenöhrl II, 16; Exner 351; Koch, R. d. Ford. III, 838; E. Hess. 200; Erk. des obersten Gerichtshofs München v. 11/4. 1860 in Seufferts Bl. f. Rechtsanwendung XXV, 177; Völderndorff XXV, 184; Steppes XXV, 186[6]; Gruchot XIII, 719; E. Bay. 759; E. Mot. Bay. 231; E. 583, Abs. 1 in Verbindung mit 584, Abs. 1, Satz 2, I. Lesung; 591, Abs. 1, Satz 1, II. Lesung; Dernburg, Pa. II, 3. Aufl., S. 25[11].

[5] Förster I, 439; Kirchstetter 434; Regelsberger 209; Holzschuher III, 297; E. Mot. II, 524. [6] Tschirner 130.

[7] Spez. Mot. z. E. Sächs. B.G.B. 1861, 758; Hasenöhrl II, 16; E. 583, Abs. 2, Satz 1, I. Lesung; 591, Abs. 1, Satz 2, II. Lesung.

[8] Vergl. aber E. Bay. 758; E. Francke 683; Vangerow III, § 603, Nr. 6; Rivier I, 205; Windscheid II, 162[4]; Gruchot XIII, 720. — E. 583, Abs. 2, Satz 2, I. Lesung; 591, Abs. 3, II. Lesung.

Eine bei dieser Art von Auslobungen zugefügte Frist hat die Bedeutung, daß der Auslobende nach Ablauf dieser Frist nicht mehr an sein Versprechen gebunden sein will.[1]

, 4. Haben mehrere Personen unabhängig von einander für die Erbringung derselben Leistung öffentlich Belohnungen versprochen, so ist jede verpflichtet, dem, welcher in der verlangten Weise thätig wird, den Preis zu zahlen. Nur wer sich die freie Verfügung über die zu erbringende Leistung ausbedungen hat, wird von der Gegenleistung frei, und auch nur dann, wenn die Zwecke, die er mit seiner Auslobung verfolgt, durch Mitteilung der Leistung an die Mitauslobenden vereitelt würden.[2]

Im folgenden sollen weiter noch einige auf beide Arten von Auslobungen bezügliche Punkte erörtert werden.

So ist die Frage aufgeworfen worden, ob der Auslobende sein Versprechen ändern[3], und die in engster Verbindung hiermit stehende andere, ob er es widerrufen darf.

Der Behandlung der letzteren soll der nächste Paragraph gewidmet sein.

Was die erstere betrifft, so ist das Anderungsrecht dem Auslobenden, abgesehen vom Falle ausdrücklichen Vorbehalts, zuzugestehen, wenn man die Auslobung für widerruflich hält. Denn thatsächlich bedeutet ein abgeändertes Versprechen nichts anderes, als den Widerruf des alten, in Verbindung mit einem neuen, wie dies auch E. Bayr. Art. 754[4] ausdrücklich sagt. Der Auslobende darf dann sein Versprechen so lange abändern, so lange ihm das Recht des Widerrufs zusteht. Ist die Auslobung für unwiderruflich zu erachten, so darf der Auslobende sein Versprechen auch nicht ändern.[5]

Das preußische Landrecht[6] gewährt dem Auslobenden ein Änderungsrecht, jedoch nur ein beschränktes. Einmal darf er es nur in der ersten Hälfte der geordneten Zeit ausüben, und dann

---

[1] Völderndorff XXV, 186[7].

[2] Ähnlich Kohler in d. Annalen XXXXI, 254.

[3] Aus der Praxis ist mir ein bisher nicht vor den Richter gelangter Fall — es handelte sich um eine Preisausschreibung — bekannt geworden. Interessant war besonders hierbei, welches Landesrecht für die Entscheidung jener Frage maßgebend zu sein hätte. Im Zweifel wohl das Recht des Ortes, an welchem die Erklärung abgegeben wurde. Hierfür hat sich auch der zur Begutachtung des Falles angerufene Rechtsanwalt in seiner Antwort an den Fragesteller ausgesprochen. Dernburg, Prß. Privatr. II, 122.

[4] E. Mot. Bay. 231.

[5] Völderndorff XXV, 187.

[6] Preuß. Landr. I, 11, § 990.

auch nur in der Richtung einer näheren Bestimmung der zu erbringenden Leistung.[1]

Was die Frage nach dem Eigentum der ausgelobten Leistung anlangt, so bleibt dasselbe seinem Urheber, es müßte sich denn der Auslobende dasselbe ausdrücklich oder stillschweigend ausbedungen haben, oder aus dem Zweck der Auslobung etwas anderes folgen.[2] Der Grund ist der, daß der Wille des Auslobenden im Zweifel lediglich auf Erzeugung des gewünschten Werkes, bez. Ausführung der geforderten Thätigkeit gerichtet ist, oder nach den Motiven zum E. Bayr. 231 sich „nicht als Kaufpreis, sondern als Belohnung für die Produktion darstellt".

Ob die erbrachte Leistung den in der Auslobung gestellten Anforderungen entspricht, ist Frage der thatsächlichen Feststellung. Die Zurückweisung einer nicht genügenden Leistung ist durchaus nicht ausgeschlossen, und im Falle der Preisbewerbung insbesondere findet eine Preisverteilung nur statt, wenn eine der gelieferten Arbeiten des Preises würdig erscheint.[3]

Die Auslobung findet ihre Erledigung durch die Erbringung der Leistung oder durch den Ablauf der Zeit, innerhalb welcher diese zu erfüllen war,[4] keineswegs aber durch den etwa inzwischen eintretenden Tod des Auslobenden.[5] Sobald die Auslobungserklärung abgegeben worden ist, bilden die damit entstandenen Verbindlichkeiten bezw. Rechte des Auslobenden einen Teil seines Vermögens und gehen, wenn sie sich zur Zeit des Todes noch nicht erledigt haben, mit dem Nachlasse auf die Erben zur passiven und aktiven Vertretung über. Die gegenteiligen Ansichten sind juristisch notwendige Folgen der Auffassung der Auslobung als Vertragsanerbieten.[6]

---

[1] v. Werdermann I, 159; Bornemann III, 349; Koch, R. d. Ford. III, 838; Rößig S. 281, § 3; Förster I, 439. Die von Förster a. a. O. aufgestellte, nicht zu rechtfertigende Behauptung: Das preußische Recht gestatte den Widerruf in der ersten Hälfte der ausgesetzten Zeit, wird in der 4. von Eccius besorgten Auflage I, 507 nicht aufrecht erhalten. — Dernburg, Prß. Privatr. II, 4. Aufl. S. 26[9].

[2] Regelsberger 226, 3; Temme 198; Prß. Landr. I, 11, § 995; v. Werdermann, I, 159; Förster I, 439; E. Francke 685; E. Bay. 761; E. Mot. Bay. 231; E. Hess. 204; E. Mot. Hess. 109; Bornemann III, 349; Völderndorff XXV, 186[10]; Gruchot XIII, 725; Rößig § 12, S. 284 f.; E. 584, Abs. 4, I. Lesung; 592, Abs. 4, II. Lesung.

[3] Regelsberger 209; Gruchot XIII, 718; Rößig S. 281, § 4; Gareis VIII, 185. Der Vorwurf, den Gareis a. a. O. gegen Siegel erhebt: „Über die Schwierigkeit, daß der Nachweis gefordert werden muß, die Leistung werde von der verlangten Qualität gewesen sein, hilft auch Siegels Theorie nicht hinweg," ist mir unverständlich.

[4] E. Francke 686; E. Bay. 757. [5] E. Mot. II, 522; Exner 352.

[6] Vangerow III, § 603, Nr. 5; Regelsberger 226.

Das vom Tode des Auslobenden Gesagte gilt auch für den Fall seiner Handlungsunfähigkeit.

Das sächsische Recht enthält im § 771, abgesehen von der Frage des Widerrufs, keine Einzelbestimmungen über Auslobungen. In der Revisionskommission wurden zwar einige der vorerwähnten Fragen besprochen, insbesondere auch die, „ob, wenn mehrere die in der Auslobung bezeichnete Leistung bewirken, nur derjenige, der sie zuerst bewirke, oder alle einen Anspruch auf die Belohnung haben, oder ob dem Auslobenden das Recht der Auswahl zustehe". „Man fand," wie es in dem Sitzungsprotokoll CVII S. 9 heifst, „durchgreifende Bestimmungen zu erteilen, bei der verschiedenen Gestaltung der hier einschlagenden Verhältnisse bedenklich. Man beschlofs jedoch, dieselben, als lediglich der Kasuistik angehörig, mit Stillschweigen zu übergehen".

Dieser Entschließung gegenüber hat Dr. Heerwart ein Separatvotum abgegeben, welches sich in dem Sitzungsprotokoll CVII, 30—32 sub H befindet und folgenden Wortlaut hat: „Obschon ich auch die Ansicht teile, dafs ein Gesetzbuch sich nicht mit Fällen zu beschäftigen hat, welche durch Zusammentreffen mit verschiedenen Umständen besonders verwickelt werden und darum zu den seltenen gehören, oder durch folgerechte Anwendung der aufgestellten Grundsätze zu entscheiden sind, so meine ich doch, daß einfache Fälle, welche nicht selten vorkommen und verschiedene Ansichten zulassen, in einem neuen, umfassenden Gesetz nicht ohne Entscheidung gelassen werden dürfen, wenn es sich nicht dem Vorwurf der Unvollständigkeit aussetzen will; denn man darf doch den Kreis der zu normierenden Kasuistik nicht zu weit fassen. Für einen solchen Fall halte ich nun den, wo mehrere die Leistung bewirkt haben, für welche eine Belohnung ausgesetzt ist. Ich bin zwar darüber nicht im Zweifel, daß derjenige, welcher zuerst die Leistung bewirkt, allen anderen vorgehe, allein wenn mehrere gleichzeitig dieses thun, oder die Zeitfolge ihrer Leistungen nicht zu ermitteln ist, da sind doch verschiedene Ansichten nicht nur möglich, sondern auch in der That bei der Besprechung über diesen Punkt in der Kommission geäußert worden. Man kann nämlich sagen:

1. Der geht vor, der die Bewirkung der Leistung dem Auslobenden zuerst anzeigt, oder
2. der Auslobende hat die Wahl, oder
3. das Los muß entscheiden, oder endlich
4. der Auslobende muß jedem die versprochene Belohnung geben.

Sollten die aus diesem Grunde hervorgehenden Zweifel nicht einer Entscheidung wert sein? Ich kann mich nicht von der Überzeugung trennen, daß diese Frage zu bejahen sei, und will wenigstens, wenn die verehrl. Redaktionskommission bei der entgegengesetzten Ansicht beharren sollte, diese meine Überzeugung hier ausgesprochen haben."

Die oben erörterten Fragen würde ich übrigens nach sächsischem Recht ebenso entscheiden, wie nach gemeinem Recht.

---

§ 11. Der Widerruf insbesondere.

Eine der praktisch wichtigsten, aber zugleich bestrittensten Fragen der ganzen Materie ist die des Widerrufs. Hat der Auslobende sich denselben ausdrücklich oder stillschweigend vorbehalten, bezw. auf ihn in dieser Weise verzichtet, so ist im einzelnen Falle die Frage entschieden.[1] Im Prinzip aber ist nicht nur bestritten, ob überhaupt dem Auslobenden das Recht zugestanden werden muß, sein Versprechen zu widerrufen, sondern auch innerhalb der dies bejahenden Meinung bestehen wieder Differenzen darüber, ob demjenigen, der mit Rücksicht auf die Auslobung Kosten, Mühe und Zeit verwendet hat, infolge des Widerrufs ein Anspruch zwecks Schadloshaltung gegen den Auslobenden zuzubilligen ist oder nicht.

Zu denen, welche die Auslobung für widerruflich halten, gehören nicht allein die Vertreter der Vertragstheorie, sondern auch einzelne Anhänger der Theorie des einseitigen Rechtsgeschäfts. Diese Schriftsteller gehen also davon aus, daß der Auslobende das Recht hat, sein Versprechen zu widerrufen, und zwar je nach der von ihnen vertretenen Auffassung entweder allgemein bis zur Acceptation,[2] oder bis zu dem Momente, wo jemand etwas gethan hat, um die vom Auslobenden verlangte Thätigkeit auszuführen,[3] oder bis zu dem, wo die Bedingung durch Erbringung der Leistung erfüllt ist.[4]

---

[1] Dernburg, Pa. II, 23; Gengler 437; E. 582, Satz 3, I. Lesung; 590, Abs. 2, II. Lesung.

[2] Hermann 67; Köppen 363.

[3] Sintenis, Civilrecht 277; Hesse 220; Regelsberger 222, Vangerow III, § 603, Nr. 4; Rivier I, 204; Unterholzner I, 53; Arndts 481; Müller 293[1c]; Puchta 394; Wolf 108; Engelmann 266. — Hiergegen haben sich, insbesondere mit Rücksicht auf die Art, in der die vorgenannten Rechtslehrer ihre Ansicht begründen, erklärt: Mommsen II, 136[10]; Regelsberger 217; Wächter II, 360; Schott 142; Hasenöhrl 14[46]; Exner 352; Ihering in s. Jahrb. IV, 103.

[4] Gengler 437; Köppen 363; Holzschuher III, 296; Schweppe 324; Goldschmidt XIII, 339; Schütze 68; E. Bay. 755; Affolter 36; v. Wening-Ingenheim 128; Wächter II, 360; Seuffert, Pa. 65; Bülow 274;

Die weitere Frage aber, ob dem anderen Teil ein Schadenersatzanspruch zu gewähren ist, wird von der Mehrzahl bejaht. Die Gröfse des Anspruchs soll sich dann entweder mit dem sog. negativen Vertragsinteresse decken,[1] oder nur dem Ersatze der infolge der Auslobung aufgewendeten Kosten gleichkommen.[2] Auch über die Begründung dieses Anspruchs und über die Art und Weise seiner Geltendmachung bestehen Meinungsverschiedenheiten. Die Ansichten sind folgende:

1. Dem anderen Teil steht die actio doli zu.[3] Schütze deduziert: Der Rechtsgrund dieser Klage liege nicht im Auslobungsvertrage — da ein solcher weder existiere, noch existent werde —, sondern sei im dolus des Auslobenden zu finden. „Es ist dolus von Dir, den Schaden nicht vergüten zu wollen, den Du durch Verleitung und Vereitelung selbst veranlaßt hast, dessen Ursache also lediglich in Deiner Handlungsweise liegt; hättest Du nicht so gehandelt, dann würde ich jetzt auf Lohn für meine Dienstleistung ein Recht erworben haben.“ Die Ausführung Schotts geht dahin, daß im Widerrufe ohne Ersatzleistung für die dem Induzierten veranlaßten Kosten eine Täuschung des öffentlichen Vertrauens, eine öffentliche Vermögensverletzung enthalten sei.

Hiergegen wird angeführt, daß, abgesehen davon, daß die actio doli im gemeinen Recht erheblichen rechtlichen Beschränkungen unterworfen ist, und es nicht gestattet sein möchte, ohne weiteres diese Grenze in der Weise auszudehnen, wie jene wollen, in vielen Fällen dem Auslobenden ein Vorwurf dolosen Handelns nicht gemacht werden kann. Handelt etwa der Fabrikant dolos, der einen Preis auf die Erfindung einer in seinem Betriebe erforderlichen Vorrichtung versprochen hat, wenn er infolge plötzlicher Verarmung nicht mehr in der Lage, den Preis zu erstatten, die Auslobung widerruft, um dadurch etwaige Konkurrenten von einer Arbeit abzuhalten, die er nicht bezahlen könnte?[4] Läßt sich aber in vielen

---

Mühlenbruch II, 275; Völderndorff XXV, 187; Bruns in Holtzendorff 505; E. Francke 686; Pagenstecher 385; E. Hess. 199; E. Mot. Hess. 103; Schott 142; E. 582, Satz 1, I. Lesung; 580, Abs. 1, Satz 1, II. Lesung; Koch, R. d. Ford. II, 484; für das sächsische Recht: Siebenhaar 491; Curtius III, 267; Schmidt I, 376.

[1] Pernice XX, 295; Exner 359; Mommsen II, 138; Goldschmidt III, 339.

[2] Mommsen II, 138; Pagenstecher 385; Koch, R. d. Ford. III, 838; Holzschuher III, 297.

[3] Savigny II, 90; Schütze 67—70; Schott 145; dagegen Böcking I, 378[15]; Exner 357; Regelsberger 217—219; Hasenöhrl II, 15[46]; Wolf 103.

[4] Mommsen II, 138 f. will in der That nur in den Fällen die actio doli geben, in welchen unzweifelhaft dem Auslobenden dolus vorzuwerfen ist.

Fällen dolus nicht nachweisen, so erscheint auch die actio doli nicht am Platze, und es ist daher dieser Konstruktion die Zustimmung zu versagen.

2. Ihering[1] hat hier einen Anwendungsfall seiner culpa in contrahendo erkannt: Der Auslobende bestimmt durch das Versprechen einer Belohnung andere zur Vornahme einer Handlung, welche den Abschluß des angebotenen Vertrages zum Zweck hat. Dadurch, daß er widerruft, verletzt er jedenfalls die beim Kontrahieren zu beobachtenden Rücksichten, weshalb er den daraus entstehenden Schaden dem Auslobungsgegner zu ersetzen hat. Dieser Ersatzanspruch ist nur dann nicht begründet, wenn jenen eine culpa trifft, oder wenn der Auslobende den Beweis zu führen vermag, daß die Thätigkeit des Gegners auch im Falle der nicht erfolgten Rücknahme den erstrebten Erfolg nicht gehabt haben würde. Gegen diese Begründung wendet Exner[2] ein, daß der von Ihering geltend gemachte Gesichtspunkt für das von ihm zu beherrschende Gebiet zu wenig umfassend ist. Ferner läßt sich gegen dieselbe auch das zum Teil anführen, was der jetzt zu besprechenden dritten Ansicht zum Vorwurf zu machen ist.

3. Sie findet sich bei Windscheid[3] so formuliert: „Bis zur Annahme steht dem Versprechenden der Rücktritt frei; hat aber jemand mit der vorgeschriebenen Thätigkeit bereits begonnen und dabei eine Aufopferung gemacht, so muß ihm der Rücktretende dieselbe ersetzen.“ Zur Begründung wird darauf hingewiesen, daß die Erklärung des Auslobenden den Gegner zu einem der Wirklichkeit nicht entsprechenden Vertrauen bestimme und ihn hierdurch in Nachteil bringe; nur sei das Vertrauen hier nicht auf das Zustandegekommensein, sondern auf das Zustandekommenwerden oder Zustandekommenkönnen des Vertrages gerichtet. „Behauptet der Er-

---

Solchenfalls erklärt er den Auslobenden für haftbar, den Gegner in die Lage zu versetzen, in welcher derselbe ohne das dolose Verhalten des Auslobenden sich befunden haben würde. Für andere Fälle soll nach dem Gesichtspunkte, welcher den Bestimmungen über das Mandat zu Grunde liegt, vom Auslobenden Ersatz der aufgewendeten Kosten verlangt werden können. Hiergegen auch Schott 142[246].

[1] Ihering in s. Jahrb. IV, 104; Tschirner 99, 102; dagegen Schott 143; Mommsen II, 139[16]; Wolf 103; Regelsberger 219—221; Hasenöhrl 15[46].

[2] Exner 358.

[3] Windscheid II, 162—163[7] und in der Krit. Vierteljahresschr. X, 157, ebenso Goldschmidt XIII, 339; Seuffert, Pa. 64; Holzschuher III, 297; Koch, R. d. Ford. III, 838; E. Bay. 755, 2; E. Mot. Bay. 230; dagegen Stobbe III, 102; Dernburg, Pa. II, 24; Wolf 104; Regelsberger 221; Schott 143; Wächter II, 630; Mommsen II, 136 f.; Siegel 100; Hasenöhrl II, 15[46].

klärende, daß der Gegner ohnehin den Preis nicht gewonnen, also auch bei Nichtzurücknahme der Auslobung seine Aufopferung unnütz gemacht haben würde, so liegt ihm der Beweis ob." Auf die Bedenklichkeit dieser Ansicht wird von mehreren Schriftstellern aufmerksam gemacht. Wenn auch Regelsbergers Gegenargument: der Ansprecher und nicht der Auslobende habe zu beweisen, als falsch abzulehnen ist,[1] so muß doch dieser Konstruktion gegenüber insbesondere hervorgehoben werden, daß der Auslobende durch dieselbe häufig schlechter gestellt sein wird, wenn er widerruft, als wenn er dies unterläßt, daß er, wie Dernburg meint, „vom Regen in die Traufe komme", oder aber, wie Regelsberger sich ausdrückt, „nicht mit Ruten, sondern mit Skorpionen gezüchtigt" wird. Regelsberger führt folgendes Beispiel an: Ein Seidenfabrikant hat demjenigen, welcher eine neue blaue Farbe entdecken werde, einen hohen Preis versprochen. Zwanzig, dreißig oder vierzig Chemiker stellen infolgedessen Versuche an. Ehe jedoch die Leistung gelingt, widerruft der Fabrikant, welcher mittlerweile sein Geschäft aufgegeben hat, die Auslobung. Mit Bezug hierauf fragt Regelsberger: Soll er nun alle Chemiker für die verwendeten Materialien und den etwaigen Zeitverlust entschädigen, soweit er nicht dem einzelnen nachzuweisen vermag, daß sein Bemühen ein vergebliches geblieben wäre? Windscheid[2] wendet zwar ein: „Warum sollen es denn gleich 20, 30 oder 40 sein?" Daß hierdurch das von Regelsberger angeregte Bedenken nicht beseitigt wird, möchte nicht zweifelhaft sein. Denn abgesehen davon, daß unter Umständen schon zwei oder drei Chemiker eine größere Schadenersatzforderung geltend machen können, als der Preis beträgt, so sollen doch die über den Widerruf der Auslobung geltenden Grundsätze alle denkbaren Fälle umfassen, und gerade Beispiele, wie das oben besprochene, bezeugen, daß jene Theorie dem Bedürfnis nicht entspricht. Exner[3] tritt denn auch dieser Schwierigkeit dadurch gegen, daß er dem Fabrikanten die Wahl läßt, ob er den entstandenen Schaden vergüten, oder sich so behandeln lassen will, als wenn er die Auslobung nicht widerrufen hätte. Schott,[4] welcher übrigens auch den Theorieen Iherings und Windscheids den Vorwurf des Unnatürlichen und Künstlichen macht, hält — und mit Recht — der Exnerschen Ansicht vor,[5] daß sie praktisch kaum durchführbar wäre und leicht eine Fülle von Prozessen herbeiführen würde.[6]

---

[1] Hasenöhrl 15^{46}.
[2] Windscheid in d. Krit. Vierteljahresschr. X, 157. [3] Exner 360.
[4] Schott 143. [5] Schott 145; Siegel 100; Hasenöhrl II, 15^{46}.
[6] Ebenso E. Mot. II, 522.

In Hinblick auf diese Schwierigkeiten haben verschiedene Schriftsteller eine andere Lösung gesucht. Insbesondere Regelsberger[1] glaubt den Ausweg darin gefunden zu haben, daß er den Widerruf an sich, ohne Verpflichtung zu irgend welchem Schadenersatz, für zulässig erachtet, ihn aber dem gegenüber für unwirksam erklärt, welcher zur Zeit, wo er denselben veröffentlichte, mit der Ausführung der Leistung bereits begonnen hatte. Er rechtfertigt dies juristisch damit, daß er annimmt, zugleich mit dem Versprechen, eine Belohnung zu geben, verbinde der Auslobende stillschweigend das weitere, die Aussicht auf Erlangung dieses Gewinnes demjenigen, welcher die Ausführung beginnt, nicht durch Widerruf entziehen zu wollen. Diese Konstruktion erscheint mir nicht zutreffend; denn der Auslobende wird regelmäßig bei Gelegenheit der Abgabe seines Versprechens die Möglichkeit des Widerrufs überhaupt nicht erwägen. Viel weniger denkt er daran, auf das Recht des Widerrufs zu verzichten.

Endlich wird zur Begründung der Ansicht, welche die Auslobung bis zur Erbringung der Leistung für widerruflich erachtet, einen Ersatzanspruch gegen den Auslobenden aber nicht gewährt,[2] angeführt, daß derjenige, welcher das Verlangte leistet, sich einer doppelten Gefahr aussetzt, einmal der, den Gewinn deshalb zu verlieren, weil der Auslobende widerruft, und dann der, ihn nicht zu erhalten, weil seine Leistung der Eigenschaften ermangelt, welche der Auslobende gefordert hat. Der Leistende ist also selbst dafür verantwortlich zu machen, wenn er es trotzdem wagt, die Leistung zu beginnen, nicht aber der Auslobende.

Von der anderen Seite wird dieser Meinung insbesondere zum Vorwurf gemacht, daß sie dem natürlichen Rechtsgefühle widerspricht. In der That erscheint dieselbe als eine einseitige Begünstigung des Auslobenden. Er, welcher den Anstoß zur Aufwendung von Zeit, Arbeit und Kosten gegeben, ja vielleicht ein ganz besonderes persönliches Interesse an der zu erbringenden Leistung hat, soll doch die Auslobung widerrufen dürfen und von der Verpflichtung einer Ersatzleistung befreit sein.[3]

---

[1] Regelsberger 222—223, ebenso Vangerow III, § 603, Nr. 4; dagegen Windscheid II, 163[7]; Siegel 103; Schott 142; Hasenöhrl II, 14[46]; Exner 354 f.; Windscheid in der Krit. Vierteljahrsschr. X, 157.

[2] So Bülow 274; Köppen 363; Schweppe 324; Wächter II, 360; v. Wening-Ingenheim 128; für das sächsische Recht: Siegel 491; Grützmann, Lehrbuch II, 54, ferner E. 582, Satz 1, I. Lesung; 590, Satz 1, II. Lesung; E. Mot. II, 522; dagegen Regelsberger 214—215; Exner 353; Schott 142; Wolf 102; Hasenöhrl II, 14[46]; Vangerow III, § 603, Nr. 4.

[3] Gierke XIII, 219.

Diese Ansicht hat jedoch im Sächs. Bürgerl. Gesetzbuch Eingang gefunden.[1] In dem Sitzungsprotokoll CXVII S. 6 der Revisionskommission findet sich noch folgende, auf die Frage der Gewährung eines Ersatzanspruches bezügliche Bemerkung:[2] „Den im letzten Satze des Paragraphen erwähnten Anspruch auf Ersatz des vor erlangter Kunde der Zurücknahme bereits gemachten Aufwandes fand man unzulässig, weil der Auslobende nur für die wirklich erfolgte Leistung sich zu einer Belohnung anheischig gemacht, und daher derjenige, welcher Vorbereitungen zu dieser Leistung unternommen, wie er nach Maßgabe des Versprechens selbst nicht anders anzunehmen berechtigt gewesen, nur eben für diesen Fall sich auf die Belohnung habe Rechnung machen können, mithin die vorher erfolgte Zurücknahme des Versprechens als einen ihn betreffenden Zufall betrachten müsse.“

Der Entwurf eines Bürgerl. Gesetzbuches f. d. Deutsche Reich hat sich im § 582 I. Lesung, § 590 II. Lesung dieser Bestimmung des sächsischen Rechtes angeschlossen.

Die Form des Widerrufs ist ebendieselbe, in welcher das Versprechen erfolgt ist.[3] Ein privatim erklärter Widerruf ist also

---

[1] Siebenhaar 491[8]; Sintenis, Anl. 215; Spez. Mot. E. Sächs. B.G.B. 1861, 756; zweifelnd Regelsberger 214. Förster I, 439[51] meint: Das sächs. Gesetzbuch spreche sich nicht darüber aus.

[2] In dem erwähnten Protokoll S. 4 wird noch berichtet, daß in der Kommission Meinungsverschiedenheit über die Frage des Widerrufs bestand: „In Ansehung der Frage, bis zu welchem Zeitpunkte der Auslobende sein Versprehen zurückzunehmen und dadurch seiner Verbindlichkeit gegen denjenigen, welcher später die Leistung noch erfüllt, sich zu entschlagen befugt sei, dafern nicht bei der Auslobung selbst Bedingungen in dieser Beziehung gestellt worden, machten sich zwei Meinungen in der Kommission geltend, von denen die eine im Anschluß an die Vorlage dahinging, daß das Versprechen zurückgenommen werden könne, solange die Leistung nicht erfolgt sei, zufolge der anderen dagegen auch noch nach erfolgter Leistung und solange, als die Leistung dem Versprechenden noch nicht dargeboten — ihm davon noch keine Anzeige gemacht worden sei, die Zurücknahme stattgegeben ward. Gegen die letztere Ansicht, welche zuerst zur Abstimmung gebracht wurde, erklärte sich die aus dem Herrn Vorsitzenden und den Herren Dr. Ortloff, Groß, Dr. Hänel, Dr. Marschner und Dr. Schneider bestehende Majorität, so daß die im zweiten Satze der Vorlage aufgestellte Meinung, nach welcher, wenn z. B. auf die Entdeckung eines Steinkohlenlagers oder des Ortes, wo sich eine abhanden gekommene Sache befinde, in der Form der Auslobung ein Preis gesetzt worden, der Entdecker Anspruch auf den letzteren zu machen befugt ist, gesetzt auch, daß der Auslobende, noch ehe er Kenntnis von der geschehenen Entdeckung erlangte, sein Versprechen widerrufen hatte, als Ansicht der Kommission hervortrat.“

[3] Regelsberger 223; Koch, R. d. Ford. II, 484; Rivier I, 204; Bruns in Holtzendorff 505; Holzschuher III, 297; Bülow 274; Vangerow III, § 603, Nr. 4; Wächter II, 360; Sintenis, Civilrecht II, 277 und 277[57];

wirkungslos. Auch der einzelne, welchem gegenüber der Auslobende privatim sein Versprechen zurückgezogen hat, darf trotzdem den versprochenen Preis verlangen, wenn er vor erfolgtem öffentlichen Widerruf die gewünschte Leistung erbringt.[1] Bei Beratung des Entwurfs zum Sächs. Bürgerl. Gesetzbuch ist die Frage ausdrücklich in Erwägung gezogen worden. Im Sitzungsprotokoll CXVII S. 7 f. heißt es: „Anlangend die hierbei zur Sprache gebrachte Frage, ob die privatim gegen einen einzelnen erklärte Zurücknahme des Versprechens diesem gegenüber die Wirkung eines öffentlichen Widerrufes habe, dergestalt, daß jedenfalls diesem einzelnen, wenn er noch vor dem Eintritte des öffentlichen Widerrufs die Leistung bewirkt, kein Anspruch auf die Belohnung zusteht, wird von der Majorität gegen die vota der Herren Dr. Heerwart, Groß und Dr. Schneider verneint."

Hasenöhrl[2] meint, die öffentliche Form des Widerrufs entbehre jeder Begründung. Indes dürfte sich dieselbe schon aus dem Wesen der Auslobung selbst erklären, da das Versprechen nicht an eine bestimmte Person gerichtet ist, sondern zur Kenntnis aller Menschen oder eines Kreises derselben kommen soll.[3]

Die Ansicht, welche die Auslobung für unwiderruflich hält. gewinnt erst in neuerer Zeit Boden, und um so mehr, je weitere Anerkennung die Theorie des einseitigen Rechtsgeschäfts findet; denn

---

Schott 142; Pernice XX, 295; Wolf 108; E. Francke 686; E. 582, Satz 2, I. Lesung; 590, Abs. 1, Satz 2, II. Lesung. Köppen 363 drückt sich insofern ungenau aus, als er nur sagt: der Widerruf müsse öffentlich erklärt werden. Was das sächsische Recht anbetrifft, so heißt es im Protokoll CXVII, S. 7: „In Ansehung der Frage, wie der Widerruf erfolgen müsse, schloß man sich der im Entwurf § 672 aufgestellten Ansicht an, daß derselbe „auf gleiche öffentliche Weise", wie die Auslobung, mithin in denselben öffentlichen Blättern, in denen diese zur Kenntnis des Publikums gebracht werden, zu bewirken sei." Ebenso Siebenhaar 491; E. zum Sächs. Bürgerl. Gesetzb. 1852, § 672, S. 132; 1860, 127; Spez. Mot. E. Sächs. B.G.B. 1861, 757; Schmidt I, 376; Grützmann, Lehrbuch II, 54 und in der zugehörigen Note 3, wo derselbe Schriftsteller noch bemerkt, daß die Vorschrift über die Form des Widerrufs nicht nur eine Beschränkung, sondern auch eine Begünstigung des Auslobenden enthalte. „An sich würde der Widerruf nur dann, mindestens für das sächsische Recht, als wirksam gelten, wenn er an den anderen Teil — d. i. derj., welcher dereinst die Leistung bewirken wird — gelangt ist." Bei der Auslobung ist es für die Wirksamkeit des in ordnungsgemäßer Form erklärten Widerrufs gleichgültig, ob er an den anderen Teil gelangt ist oder nicht.

[1] So auch Spez. Mot. z. E. Sächs. B.G.B. 1861, 757; Wolf 108.

[2] Hasenöhrl II, 14[46].

[3] Tschirner 127 erklärt sich von seiner Auffassung aus gegen die Öffentlichkeit der Widerrufs. Regelsberger 223; E. Mot. d. Sächs. Bürg. Gesetzb. 1852, 144; E. Mot. II, 522.

diese Folgerung[1] läßt sich aus der Vertragstheorie nicht gewinnen,[2] man müßte denn gerade der Köppenschen Ansicht von der Unwiderruflichkeit der Offerte beizutreten geneigt sein.[3] Für unwiderruflich wird die Auslobung gehalten von

Unger I, 371, Cosack 1010, Dernburg Pa. II, 24, Kirchstetter 433, Siegel 92, Kuntze zu Holzschuher III, 299, Hasenöhrl II, 14, insbesondere auch für das östreichische Recht.[4] [5]

Für mich ergiebt sich die Unwiderruflichkeit notwendig aus der von mir vertretenen Auffassung der Auslobung.[6] Wie der Vertrag durch Annahme seitens des anderen rechtsverbindlich wird, so das einseitige Versprechen in dem Augenblicke, in welchem der Versprechende seinen diesbezüglichen Willen erkennbar kundgiebt. Von diesem Momente an ist jener nach Maßgabe seines ausgesprochenen Willens gebunden und verpflichtet, denselben gegen sich anzuerkennen.

Das preußische Landrecht statuiert in § 989 die Unwiderruflichkeit. Es heißt dort: „Wer dergleichen Prämien aussetzt, kann sein Versprechen vor dem Ablaufe der bestimmten Zeit nicht zurücknehmen.“ [7]

Mir ist unverständlich, wie einer so klar gefaßten gesetzlichen Bestimmung gegenüber behauptet werden kann, daß, wer dennoch sein Versprechen widerrufe, alle diejenigen, welche lediglich aus Anlaß der Aufforderung auf das Unternehmen eingegangen sind, für die infolge jenes Versprechens von ihnen gemachten Verwendungen

---

[1] Daß sie vom Standpunkt der Pollizitationstheorie die richtige Konsequenz ist, behaupten: Exner 352; Böcking I, 378[14]*; Hasenöhrl 14[46], 15[47]. Puchta 394 und Arndts 481 sind anderer Meinung.

[2] Kuntze zu Holzschuher III, 299; Ihering in s. Jahrb. IV, 102 glaubt sie juristisch durch die Analogie der Stiftung rechtfertigen zu können — dagegen Siegel 95 — obwohl er anderseits zugiebt, daß diese Konsequenz auf dem Wege theoretischer Deduktion sich nicht gewinnen läßt.

[3] Gegen Köppen auch Windscheid 6. Aufl., II, § 307[7a], S. 186 und § 308, 189[3]. Übrigens hält Köppen 362 die Auslobung, die er als Vertragsofferte auffaßt, für widerruflich.

[4] Für den Fall einer Zeitbestimmung Rößig 280; E. Francke 686; E. Hess. 199; E. Mot. Hess. 109; im Zweifel E. 282, 4, I. Lesung; 590, Abs. 2 a. E., II. Lesung; E. Mot. II, 522; Wächter II, 360.

[5] Stobbe III, 103 glaubt, daß die Unwiderruflichkeit der Auslobung gemeinrechtlich nicht begründet werden kann, während umgekehrt Schilling I, 181, welcher die Auslobung als Vertragsanerbieten auffaßt, der Ansicht ist, daß der Auslobende seine Zusage nicht vor Ablauf der Zeit, „bis zu welcher die fragliche Leistung erfolgen konnte und sollte“, wieder zurücknehmen darf.

[6] Daß sie keine notwendige Konsequenz des einseitigen Versprechens sei, behaupten Windscheid II, 163[6]; Brinz II, 1550; Karlowa 275; Behrend 597; Unger I, 370; E. Mot. II, 522 — jedoch ohne Begründung.

[7] Siegel 93; Temme 197; v. Werdermann I, 159; Bornemann II, 399; III, 348; Gad III, 183; Koch, R. d. Ford. II, 484; Gruchot XIII, 724.

entschädigen müsse.[1] Ein derartiges Mißverständnis ist nur dadurch zu erklären, daß, wie auch Siegel[2] bemerkt, die gemeinrechtliche Wissenschaft, soweit sie jener Ansicht huldigt, auf die preußische Jurisprudenz eingewirkt hat.

Übrigens geht nicht allein aus dem Gesetzestext selbst, sondern auch aus der Entstehung dieses Paragraphen deutlich das Gegenteil hervor. War doch im zweiten Entwurf auf Vorschlag des Präsidenten v. Tevenar eine Entschädigungspflicht des widerrufenden Auslobenden anerkannt worden! Bei der revisio monitorum wurde jedoch diese Auffassung auf Anregung von Suarez verlassen und die Bestimmung des ersten Entwurfs,[3] welche der jetzigen entsprach, wieder hergestellt. Anderer Ansicht ist Ihering in Bezug auf den in § 988 nicht erwähnten, aber infolge analoger Ausdehnung von ihm umfaßten Fall der Zusagen von Belohnungen für Entdeckung eines Verbrechers[4] etc. Er glaubt, daß die Doktrin des preußischen Rechts hier einen Anwendungsfall seiner culpa in contrahendo aufgestellt habe, auf welchen sich das im § 989 enthaltene Verbot der Rücknahme nach der Absicht der Gesetzgeber nicht erstrecke. Nun wird sich allerdings nicht leugnen lassen, daß der fragliche Fall nicht durchweg den für die Auslobung des § 988 geltenden Bestimmungen untersteht, nämlich insoweit nicht, als dieselben dem Willen des Auslobenden und der Natur des Falles unzweifelhaft widerstreiten. Aber trifft diese Beschränkung etwa hier zu? Daß der Einwand Iherings nicht stichhaltig ist, bedarf keiner Bemerkung. Der Gesetzgeber hat den genannten Fall übersehen, aber durchaus nicht daran gedacht, den § 989 nicht auf ihn zu beziehen. Mit eben dem Rechte kann behauptet werden, daß er ihn auf denselben würde angewendet haben, wenn er des Falles gedacht hätte.

Nicht so zweifelsohne liegt die Sache, wenn der Auslobende eine „bestimmte“ Zeit, binnen welcher die Leistung zu erbringen ist, nicht festgesetzt hat. Auch für diesen Fall hält Koch[5] die Auslobung jederzeit für widerruflich und den Auslobenden nur zum

[1] So Koch, Allg. Landr. I, 980[86]; R. d. Ford. III, 838; Kindervater in Iherings Jahrb. VII, 18; dagegen Förster I, 439; Siegel 93; Gad III, 183; Bornemann II, 399; III, 348**; Ihering in s. Jahrb. IV, 50; Eccius I, 411. [2] Siegel 93.

[3] Siegel 94[4]; Bornemann III, 348**; Ihering in s. Jahrb. IV, 50[52].

[4] Ihering in s. Jahrb. IV, 50, 106; Bornemann III, 350, auch Tschirner 98. Bornemann a. a. O. fügt noch einen weiteren Fall hinzu. Er erklärt den Promittenten nach preußischem Landrecht auch dann für haftbar, wenn dieser es unterläßt, nachdem die gewünschte Leistung erbracht ist, die Erledigung der Auslobung öffentlich bekannt zu machen.

[5] Koch, Allg. Landr. I, 980 und 980[86].

Schadenersatz verbunden; und ebenso schließt Bielitz[1] aus der Fassung des Paragraphen, daß der Auslobende bis zur Erbringung der Leistung sein Versprechen widerrufen könne, wenngleich er eine Ersatzpflicht des Auslobenden nicht anzuerkennen scheint.

Auffallend ist allerdings, weshalb § 989 sich nicht allgemein ausdrückt. Ich glaube indes, daß der Schluß, den Koch und Bielitz — bei anderen habe ich eine Erörterung dieser Frage überhaupt nicht gefunden — ziehen, überhaupt nicht zutreffend sein dürfte. Ist doch im § 989 keineswegs davon die Rede, daß die Zeit vom Auslobenden ausdrücklich festgesetzt sein muß. Dagegen scheint mir der Wortlaut vielmehr darauf zu deuten, daß der Gesetzgeber Auslobungen, welche nicht binnen bestimmter Zeit zur Erledigung kommen, überhaupt die Rechtsverbindlichkeit absprechen wollte. Hätte dies nicht in seiner Absicht gelegen, so würde er sich darüber ausgesprochen und bestimmt haben, was bezüglich des Widerrufes für sie gelten sollte. Diese Auffassung entspricht auch der ganzen Konstruktion der Auslobung als eines einseitigen Rechtsgeschäftes und steht mit der engen Begrenzung im Einklang, welche der preußische Gesetzgeber für die Auslobungsfälle ursprünglich statuiert hat, zumal gerade die Natur dieser Fälle eine Zeitbestimmung zu ihrer Rechtsgültigkeit verlangt.

Nur wird man vor dem Irrtum warnen müssen, den Begriff der „bestimmten“ Zeit zu eng zu fassen. Der Wortlaut des Gesetzes rechtfertigt meines Erachtens eine ziemlich umfassende Auslegung. Nicht nur solche Fälle sind hierunter zu zählen, in denen der Auslobende ausdrücklich eine bestimmte Zeit festgesetzt hat, wie z. B.: Ich gebe demjenigen 100 Mark, der mir binnen einer Woche meinen abhanden gekommenen Hund wiederbringt — nach Ablauf dieser Zeit würde dann, wenn das Tier nicht zurückgebracht worden wäre, das Versprechen seine Kraft verlieren —, sondern auch solche, in denen nur aus der Natur des konkreten Falles die Zeitbestimmung berechnet werden muß, wie z. B.: Ich gebe demjenigen 100 Mark, welcher meinen mir entlaufenen Hund wiederbringt. Hier ergiebt sich die Befristung durch folgende Betrachtung: Der Hund kann nur zurückgebracht werden, nachdem er eingefangen ist. Wenn nun der Wille des Auslobenden auch dahin geht, den Hund baldmöglichst in seinen Besitz zurückzubringen, so erfordert doch das Einfangen des Tieres eine gewisse Zeit. Es wird also, wenn eine bestimmte Zeit vom Auslobenden nicht normiert ist, als Absicht des Auslobenden anzunehmen sein, daß er einen solchen Zeitraum lang sich binden wollte, binnen dessen das Einfangen des Tieres billiger-

[1] Bielitz II, 730.

weise erfolgen konnte. Im Streitfall entscheidet das Ermessen des Richters.[1]

Die Auslobung ist also nach preußischem Recht — um meine Meinung nochmals kurz zusammenzufassen —, soweit sie verbindlich ist, unwiderruflich. Trägt dieselbe nicht einmal eine stillschweigende Zeitbestimmung in sich, so darf sie nicht für verpflichtend erachtet werden; dann aber erledigt sich die Frage der Widerruflichkeit von selbst.[2]

Übrigens sprechen zu Gunsten der Unwiderruflichkeit der Auslobung — um diese Frage noch zum Schluß zu erörtern — erhebliche Zweckmäßigkeitsgründe. Insbesondere kann angeführt werden, daß dieselbe durch das Interesse des Auslobenden selbst gefordert wird. Abgesehen von den etwaigen Schadenersatzansprüchen, welche vielleicht andernfalls dem Gegner zugebilligt werden müßten, und die, wie oben dargethan, in der Regel die Lage der Auslobenden nicht verbessern, wird doch der Gedanke, daß der Auslobende sein Versprechen willkürlich widerrufen darf, manchen abhalten, Zeit und Arbeit der Erbringung der begehrten Thätigkeit zu widmen, manchen, welcher vielleicht besonders befähigt ist, dieselben besser als andere herzustellen.[3] Mit Recht bemerkt Ihering,[4] daß durch die Gestattung des Widerrufs die praktische Brauchbarkeit des Instituts so gut wie beseitigt wäre. Das Interesse des Auslobungsgegners scheint aber ebenfalls auf Unwiderruflichkeit der Auslobung zu drängen. Warum soll dem, welcher im Vertrauen auf den Bestand der Auslobung Zeit, Mühe und Kosten aufgewendet hat, um den Preis zu erlangen, durch die Willkür des Auslobenden diese Möglichkeit entzogen werden dürfen? Ist es der Auslobende nicht, welcher die Initiative ergreift, die anderen zur Ausführung anregt? Und wer erscheint mehr des Rechtsschutzes bedürftig: die Mehrheit, welche im anderen Falle häufig ein Opfer der Täuschung werden würde, oder der einzelne, welcher jene erst in Bewegung setzt? Ist nicht der Gesamtschaden, der jene trifft, häufig erheblich größer als der Preis, den der Auslobende eventuell zahlen muß?

---

[1] Stobbe III, 101. In der Regel dürfte es dem Willen des Auslobenden kaum entsprechen, den Preis zu zahlen, wenn ihm sein Hund nach Jahren, wohl in abgekommenem Zustande, zugebracht wird.

[2] Dieser letzteren Ansicht scheint auch Förster I, 438 zu sein.

[3] Exner, 353; Schott 144; Siegel 97. Pernice XX, 295 greift gerade hier Siegel an. Mit seinen Argumentationen scheint mir jedoch nichts gewonnen, denn darüber, daß die obenerwähnte Ausführung nicht in allen Fällen zutrifft, besteht auch „hüben“ kein Zweifel. Pernice übersieht aber, daß sie nur einen Grund für die Unwiderruflichkeit enthält.

[4] Ihering in s. Jahrb. X, 470; IV, 101; ähnlich Kuntze zu Holzschuher III, 299; dagegen Tschirner 98.

Aber auch schon die äußere Form, in welcher das Versprechen auftritt, rechtfertigt jene Konsequenz. Wendet sich doch der Auslobende an alle Menschen oder doch an einen Kreis derselben! Sind endlich diese Gründe nicht doppelt schwerwiegend, erscheint die Unwiderruflichkeit nicht doppelt gerechtfertigt, wenn der Auslobende durch sein Versprechen Mehrung seines persönlichen Vorteils zu erreichen beetrebt war, wenn die zu erbringende Leistung — was in der Mehrzahl der Fälle anzunehmen ist — nur seinem Interesse dienen soll?

Nicht mit Unrecht macht schließlich Siegel[1] noch auf die „immerhin auffällige“ Erscheinung des gewöhnlichen Lebens aufmerksam, dafs Widerrufe von Auslobungen in den Tagesblättern selten sind, obgleich diese doch täglich eine Fülle von Auslobungen enthalten. Ihering aber[2] spricht dieser Ansicht den Vorzug der größten Einfachheit zu.

Andrerseits bleibt es nicht verborgen, daß das eben gerechtfertigte Prinzip unter Umständen dem Interesse beider Parteien widerstreiten, ja selbst zu Härten Anlaß geben kann, und daß den Gegengründen der Gegner der Unwiderruflichkeit eine gewisse Berechtigung nicht abzusprechen ist.[3]

So sieht man nicht ein, warum es dem Auslobenden nicht gestattet sein soll, die Auslobung zu widerrufen, so lange von der Gegenseite nichts gethan worden ist, um die Leistung ins Werk zu setzen.[4] Andrerseits giebt es Fälle, in denen das Interesse, insbesondere des Auslobungsgegners, gerade dadurch gewahrt wird, daß der Auslobende widerruft. Nehmen wir etwa folgenden Fall: Jemand hat einen namhaften Preis demjenigen versprochen, welcher eine gewisse Leistung, etwa die Entdeckung einer neuen Farbe, vollbringen werde. Wenn der Auslobende plötzlich verarmt und gänzlich außer Stande ist, die ausgelobte Summe zu zahlen, so wird, falls ihm das Recht des Widerrufs nicht zusteht, derjenige, welcher die erforderte Leistung erbringt, allerdings seinen Anspruch auf die ausgelobte Summe geltend machen können. Sollte es für ihn aber nicht vorteilhafter sein, wenn der Auslobende sein Versprechen in diesem Falle rückgängig machen darf? Insbesondere wird er, wenn der Widerruf alsbald erfolgt, und er noch wenig Zeit, Kosten und Mühe der Lieferung der Leistung geopfert hat, seine Thätigkeit

[1] Siegel 98.

[2] Ihering in s. Jahrb. IV, 102, ebenso Regelsberger 215; Tschirner 98.

[3] Dagegen Siegel 98; Kuntze zu Holzschuher III, 299; Hasenöhrl II, 15[48]; Ihering in s. Jahrb. IV, 102; wie hier Windscheid II, 163[6]; und in der Krit. Vierteljahresschr. X, 157; Regelsberger 215; Exner 342.

[4] Wolf 102.

einstellen, andernfalls eine Vergrößerung seiner Ausgaben vermeiden können.[1] Gerade dieser Fall erinnert mich an jenen in den Digesten besonders eingehend erörterten der Pollizitationen, wenn jemand etwas zum gemeinen Besten einseitig verspricht. Die römischen Juristen haben hier dem Versprechenden und seinen Erben ein, wenngleich beschränktes Rücktrittsrecht für den Fall der Verarmung gestattet. Außer ihm dürften noch andere Fälle denkbar sein, in denen die Interessen der Parteien die Möglichkeit des Widerrufs als wünschenswert erscheinen lassen.[2]

Dies sind indes Betrachtungen für den Gesetzgeber.

Gegen dieselben scheinen mir — de lege ferenda — auch die Gegenbemerkungen Hasenöhrls[3] nicht durchgreifend.

Hiernach wünschte ich die Bestimmung des § 582 I. Lesung, § 590 II. Lesung des Entwurfs eines Bürgerl. Gesetzbuchs für das Deutsche Reich in der Richtung umgestaltet und erweitert, daß die Auslobung für unwiderruflich erklärt und nur in gewissen vom Gesetzgeber zu präzisierenden Fällen als Ausnahme öffentlicher Widerruf gestattet wäre.

---

[1] Exner 355 f. [2] Wolf 109.

[3] Hasenöhrl II, 15[48]; Siegel 99. Eine gewisse Berechtigung haben sie übrigens immerhin, so insbesondere, wenn Hasenöhrl darauf hinweist, daß sich der Auslobende bei der Textierung genügend schützen kann, und daß selbst bei der Veröffentlichung des Widerrufs der Beteiligte häufig keine Kenntnis von ihr erhält.

Verlag von VEIT & COMP. in Leipzig.

Die Gesetzgebung des Deutschen Reiches

auf dem Gebiete

des bürgerlichen und socialen Rechtes

mit Ausschluß der
handels-, wechsel- und seerechtlichen, sowie der in der Reichsstrafgesetzgebung und in den Reichsjustizgesetzen enthaltenen Bestimmungen.

Für die Praxis und den akademischen Gebrauch

zusammengestellt von

Dr. jur. Emil Sehling,
ord. Prof. der Rechte an der Universität Erlangen.

Zweite, umgearbeitete Auflage.

8. 1894. gebunden in Ganzleinen 5 *M*.

In chronologischer Übersicht wird hier ein wesentlicher Teil der Reichsgesetzgebung, derjenige, welcher vorzugsweise der Ergänzung und Abänderung unterworfen gewesen ist, dargestellt. Von den ersten Gesetzen des Norddeutschen Bundes bis zum Ende des Jahres 1893 wird Jahr für Jahr mit seinem Inhalt an neuer gesetzgeberischer Produktion vorgeführt, jedoch so, daß der Stoff jedes einzelnen Gegenstandes konzentriert ist und an einem einzigen zeitlichen Punkte der ganze Stand der heutigen Gesetzgebung über die Materie zu finden ist. So ist beispielshalber „die Gewerbeordnung“ nach der Redaktion vom 1. Juli 1883 unter diesem Tage wiedergegeben; die voraufgehenden Gesetzgebungsakte sind kurz erwähnt, und der Leser wird auf das Gesetz vom 1. Juli 1883 verwiesen; dagegen sind die später nachfolgenden aus den Jahren 1884—1893 dem Gesetze vom 1. Juli 1883 einverleibt, und es wird dann unter ihrem Datum darauf zurückverwiesen. — Die Ergänzungen und Abänderungen sind, um sie sofort als solche kenntlich zu machen, durch lateinische Schrift hervorgehoben.

Da bei den **Prüfungen für das erste juristische Examen** besonderer Nachdruck auf die Kenntnis der Reichsgesetze gelegt wird, so ist die Sehlingsche Sammlung *den Kandidaten zur Vorbereitung fast unentbehrlich*; es giebt kein anderes Werk, das den in zahlreichen Jahrgängen des Reichsgesetzblattes u. s. w. zerstreuten Teil der Reichsgesetzgebung in gleich übersichtlicher Weise zusammenfasst und so eine zuverlässige Orientierung ermöglicht.

Druck von Metzger & Wittig in Leipzig.